Laurent-Vibert

par un groupe
de ses amis

Lyon

1926

Papillon Sculp.

ROBERT LAURENT-VIBERT

Laurent-Vibert

par un groupe
de ses amis.

Lyon

1926

Lₐ mort d'un homme chargé d'années, au soir d'une longue
vie, abondante en travaux, nous semble une injustice que nous ne
pouvons supporter. Chaque séparation nous est un arrachement,
mais le malheur qui frappe avec une effrayante soudaineté nous
laisse incertains et incrédules. La main forte, chaude de vie, que
nous tenions si bien serrée dans les nôtres, la voilà qui nous échap-
pe, et nous la sentons encore. Cette mort toute brute qui se dresse
tout à coup comme un bandit de grand chemin, au détour d'un
mur, et qui assassine avec un aveuglement inouï l'être le plus digne de vivre, en plein rayonnement de sa jeune maturité, au seuil
de l'âge royal et des grandes œuvres, non, ce n'est pas un événement, ce n'est pas de l'ordre des réalités, c'est un songe impossible, le cauchemar d'un crime à jamais impuni et qui nous atteint
tous au cœur.

On me demande d'écrire sur Robert Laurent-Vibert, et c'est à lui qu'il me semble que j'écris. Je le vois et je l'entends, dans sa vigueur heureuse, avec son beau et bon visage, avec sa parole si riche, si nourrie d'humanité. Mille souvenirs remontent de ma mémoire avec une sorte de violence et me le rendent présent et vivant, d'une obsédante intégrité. Jamais il ne fut plus voisin de nos cœurs, plus mêlé à nos vies, plus impatiemment aimé, plus nécessaire à notre sentiment de l'ordre, à notre tendresse d'amitié, à notre besoin de bonheur. Nous ne pouvons nous arracher à lui. Hélas! il nous a quittés. Il n'est plus. Quel effort ne nous faut-il pas faire pour nous représenter son anéantissement, pour nous dépouiller de lui, qui est tout en nous?

Certaines vies ne tiennent à rien, ou à bien peu, et il est vrai de dire que leurs jours ont coulé comme une eau transparente, incolore et vaine. Mais celle-là était de l'ordre des grandes vies, non seulement parce que l'expérience l'avait étendue au loin et approfondie, parce qu'une magnifique culture la rapprochait des hauts esprits de tous les temps, mais parce qu'elle se multipliait en rayonnant, parce qu'elle était ardeur et bonté. Jamais on ne s'est mieux donné à l'homme, jamais on ne s'est mieux enrichi de son essence, jamais on ne l'eut si pleinement pour ami. L'amitié, cette vertu féodale, si délicate à pratiquer, si riche en devoirs joyeux, elle n'était pas pour Vibert un dépôt avare, confié en secret à des âmes de cénacle : elle sortait de lui comme une lumière, et tout ce qu'elle touchait était rajeuni. Dans ce corps solide, si bien fait pour vivre, dans ce cœur vaillant, il y avait cette force entraînante, ce don de persuasion spontanée qui charment et qui attachent pour toujours. Cette source, elle était inépuisable. Elle est tarie d'un seul coup.

Comment ne pas songer d'abord à ce qu'il y a de plus fraternel, de plus intime dans ce que nous gardons de lui ? Ce n'est pas un passant sympathique qui disparaît dans l'éloignement et que nous regrettons, c'est notre ami, c'est notre camarade, c'est une part toute vive et toute douloureuse de nous. Ce visage, il est trop près, nous le chérissons trop, pour qu'un des nôtres puisse en faire le portrait, comme s'il s'agissait d'un modèle, attentivement observé. Nos souvenirs sont trop mêlés de notre vie à nous, il tient encore à nos cœurs par toutes les fibres. Et pourtant, il faut bien le dire, Laurent-Vibert fut autre chose qu'un homme que nous aimions bien.

C'était un seigneur, parce qu'il voyait haut et parce qu'il voyait large. Dans sa gaie familiarité, dans son expansion cordiale, il n'y eut jamais rien de bas, de médiocre ou d'emphatique. Il offrait le rare exemple d'un homme d'études devenu homme d'affaires et sachant rester homme de loisir. Formé à Lyon, puis l'un des élèves de cette Ecole Normale qui a produit tant de générations attentives, moins entachées de rhétorique ou d'étroite critique que par le passé, il ne vit jamais dans la culture de l'intelligence un divertissement sec ou une élégance professionnelle, mais un moyen de satisfaire et d'accroître son humanité. En Italie, où il avait été appelé à l'Ecole de Rome, il ne fut pas dévoré par ses travaux d'érudit, par ses belles recherches d'archéologue, il vécut, si l'on peut dire, à longs traits, il fut le familier de ce qu'il y eut de plus haut dans la pensée ancienne, mais il se plut aussi à en suivre le parcours et comme la sonorité profonde dans l'harmonie de la terre et dans les habitudes de la vie. L'histoire lui était non l'herbier des faits, mais la pulsation affaiblie, toujours sensible, de l'homme d'autrefois. Sur ces rives sèches et belles, entre le pin et le cyprès, contre les murs roux, parmi les vastes ondulations de la Campagne, il en retrouvait l'ombre et la lumière. Il lui apparaissait tout présent. Merveilleusement apte à l'étude des textes, à l'analyse critique, il savait en dépasser les limites sans en fausser les résultats. Mesure d'un esprit bien fait, ou plutôt d'une âme bien née. Nul ne fut plus harmonieux Méditerranéen que ce beau Celte. Aux jours de sa jeunesse se formait déjà en lui ce faisceau de préférences si heureusement liées qui, après des voyages à travers le monde, devaient le ramener à la Provence comme à une terre d'élection, comme à une Gaule à la fois hellénique et romaine, trois fois digne d'être aimée.

Il revint parmi nous. Il enseigna quelque temps dans un lycée, et puis sa vie changea, s'élargit, prit un cours plus vaste. Il était de ces rares hommes qui, dans nos démocraties agitées et petites, claquemurées dans l'esprit de spécialité et dans le sophisme de la compétence, fussent nés pour les initiatives et pour les commandements. Placé par une affection tendrement clairvoyante à la tête d'une grande entreprise, loin de s'y trouver dépaysé ou diminué, cet humaniste, cet historien y apporte la puissance des idées claires, l'art de choisir et d'enchaîner. Il y gagna lui-même en expérience humaine et s'accrut de tout ce que n'enseignent pas les pures disciplines de l'esprit. L'homme de cabinet peut avoir le goût du fait, mais non l'habitude de l'*événement*. C'est de la vie même que l'événement surgit pour nous empoigner à l'improviste et pour briser nos habitudes. Il domine le laboratoire, la clinique, la bataille et l'usine. Il est déraisonnable, il est violent. Ainsi Vibert était amené, non à fausser sa dialectique, mais à l'assouplir. Il est rare que l'on voie si bien unies des fonctions intellectuelles si diverses. Il nous a dit lui-même ce qu'il en pensait, car il ne cessait d'y réfléchir, il travaillait sur lui et, sans se donner en exemple, il voulait faire bénéficier sa ville de ces échanges si féconds entre deux formes de l'activité.

Il fit la guerre avec simplicité. Ses blessures dont il ne parlait jamais, sa croix modestement portée, la tendresse de ses hommes et de ses amis, toute la clarté de son âme droite, toute son énergie sans fracas, quels témoignages de sa vertu de soldat! Combien il nous était cher, si brave et si menacé. Les souvenirs de ces années jettent sur le front de ceux qui les ont traversées une lueur qui fixe leurs traits à jamais. Guetté de toutes parts sur ces champs terribles, frappé, mais vivant, il garde, dans sa jeunesse blessée, la stature et la gravité d'un camarade des morts.

Mais il ne se refuse pas à la vie. Il est doué pour elle, et pour l’action. Partout où on le requiert, en Macédoine, en Grèce, aux heures critiques, partout où la clarté de son intelligence et l’ampleur de son information peuvent servir la patrie, aux négociations de Spa, au commissariat de la marine marchande, il prodigua son double don, si rare, si beau, la jeunesse de son énergie et cette connaissance de l’homme acquise auprès des vivants et des morts et qui ne laissait sur ses lèvres aucune sécheresse, aucune amertume. Alors, aux lendemains de la guerre, nous étions de ceux qui espéraient rebâtir l’Europe et un siècle juste. Partout où la confiance dans la droiture de l’esprit et dans l’avenir de l’intelligence soutient la continuité de la pensée et de l’action, je les vois, mes amis, mais il manque, sa place soudain est vide. Un effrayant malheur nous a séparés de lui pour toujours.

Alors il n’était pas exempt d’inquiétude. Il ne se contentait pas de voir et de vouloir des buts élevés, il était incertain des méthodes, et notre technique politique lui paraissait encore très grossière. Dans le travail d’un cabinet d’Etat, il avait pu voir la noblesse d’intention sans cesse compromise par l’insuffisance de la technique, cotoyée par la médiocrité, par l’intrigue. Il en éprouvait du chagrin et cette sorte de ressentiment sans acrimonie qu’inspirent, non les déceptions personnelles, mais l’anxiété, le doute critique, la suspicion touchant un système auquel toujours on a cru. Que de fois, le soir, dans ces vastes rues désertes, dans des promenades nocturnes à travers Lyon endormi, sous les feuillages d’un somptueux été, ne nous sommes-nous pas interrogés, non sur nos fins dernières, mais sur nos buts prochains, sur le sens du meilleur et du plus utile ! Dans cette large étoffe humaine, dans cette ardeur d'humanisme social, chez ce grand Lyonnais si entendu aux affaires, si entendu à la vie de l'esprit, je croyais retrouver la dernière et la plus belle flamme de ce génie saint-simonien qui a donné au dix-neuvième siècle de si larges assises. Je le pressais de m'écouter, et je ne savais pas que ses paroles, dès lors, étaient comptées et que bientôt il serait muet à jamais. Ces heures de confidence fraternelle où revivaient nos jeunesses, comme je voudrais les étendre dans le temps, les développer, leur donner l'ampleur et la densité des riches années qu'il n'a pas eues !

Il finit par trouver sa certitude, non où je croyais, mais où il pensait que c'était bien. Un esprit comme le sien ne pouvait se contenter d'une pure critique, comme son cœur ne pouvait se satisfaire de bienveillance et de détachement. Il lui fallait plus, une discipline qui fût d'accord avec une interprétation générale de l'histoire, avec son expérience d'homme qui a participé aux affaires publiques, de soldat qui s'est battu, de voyageur et de chef d'entreprise. Peu d'esprits ont mieux connu et mieux compris le génie politique de l'ancienne France. Il fut de ceux qui crurent possible de le ressusciter dans ses formes, et utile, en tout cas, d'instaurer une revision systématique de nos institutions. Il sentait absolument, si je puis dire, le besoin de doter le pays d'une autre élite que celle qui lui est livrée par la tactique et les combinaisons des partis, il voulait la rattacher, non à ce qu'il jugeait une philosophie creuse, mais aux vérités jaillies de la terre, aux leçons du passé, aux instincts éternels de l'homme. Telles étaient les assises domaniales de sa pensée. Hélas! je l'adjurais de réfléchir encore, mais il y était heureux. Pardon, mon ami, d'avoir tenté de vous ravir à ce bonheur d'esprit, si désintéressé, si lumineux, qui vous a donné de si belles années.

Car elles furent belles, ces rapides, ces passantes, si tôt ravies, abolies à jamais, sans lendemain possible. Il avait acquis, dans un bourg de seigneurie, entre Aix et Avignon, une noble ruine qu'il avait pris à cœur de rétablir et de restaurer en dignité. C'est là, sur cette terre provençale, où l'accueillaient et l'escortaient de fidèles amis, qu'il se sentit sans doute au plein de sa vie. C'est de là qu'il partait pour ses voyages fortunés, sur cette Méditerranée qu'il connaissait comme un bon corsaire, dans ce Levant où la vieille France lui était si inquiètement et si chèrement présente. Ils lui inspirèrent deux beaux livres, pleins de passion, pleins de sérénité aussi, où l'aventure du passé se mêle au songe de l'avenir comme le lierre ou la vigne s'enlace à la colonne, dans un paysage gorgé d'histoire, sous une lumière intrépide. Il préparait une Bibliographie des voyages français dans le Levant, que lui seul pouvait écrire, livre de savant, d'artiste, de pèlerin et de Français accompli. Toute belle chose lui était chère, tout grand souvenir l'émouvait, et son rare talent, jailli de source, inventait des couleurs, des accords, des rythmes, à la fois classiques et modernes, qui donnent à ses travaux une large et poétique cadence. Il n'a touché à rien sans y laisser de sa lumière. Sa parole, abondante, spirituelle, nourrie de richesse humaine, enchantait.

Cette légion thébaine des grandes âmes et des nobles esprits partis avant l'âge pour le jardin des morts, elle nous escorte, plus nombreuse que les vivants dignes d'y figurer. Elle ne nous quitte pas, elle nous adresse un encouragement solennel. Il nous faut passer, puisque c'est notre besogne de vivre, passer près de cette tombe blanche, près de cette autre, près de cette autre encore. Le mort, nous le laissons à la terre, mais sa vie éternelle, nous l'emportons avidement avec nous.

Henri FOCILLON.

15 mai 1925.

I

L'ENFANCE

Robert Laurent naquit à Saint-Genix-d'Aoste le 14 mars 1884, de parents lyonnais. Son père occupait un modeste emploi dans les services techniques des Ponts-et-Chaussées.

Je l'ai connu en octobre 1892, lors de notre entrée dans la classe de neuvième à l'Ecole Ozanam. Je me le rappelle dans son costume marin qui l'étriquait un peu avec un chapeau de paille à larges ailes, comme les enfants en portaient alors ; son teint était pâle et ses yeux pleins de vivacité illuminaient son visage déjà marqué par le sérieux de la réflexion et peut-être aussi l'amertume de l'adversité. Sa vie commençait, il est vrai, bien durement : tout petit enfant, il était parti le 30 mai 1887, avec son père, sa mère et son frère Georges, plus âgé que lui de quelques années, pour Saint-Laurent du Maroni, en Guyane, où son père avait été nommé piqueur des travaux du service de la relégation. Ni sa mère, ni son frère, ni lui-même ne purent supporter les rigueurs du climat et ils revinrent après quelques années s'installer à Culoz. Sa mère venait d'y mourir, en mai 1892 : elle laissait ses enfants aux soins de M. François Vibert, leur tuteur, et de M. Jean Vernadet, leur subrogé tuteur ; mais bientôt les deux pauvres petits devenaient orphelins, car leur père mourait le 18 janvier 1894, à l'hôpital de Cayenne, d'un accès de fièvre pernicieuse.

Ce premier séjour loin de France, dans le plus étrange pays, laissa dans l'esprit de Laurent le souvenir de sensations vives et colorées, qu'il aimait à évoquer. Que de fois je l'ai entendu parler de la forêt tropicale, de sa végétation, de ses obscurités, des grands arbres dont les fruits étaient dignes de la terre promise aux Hébreux et les feuilles grandes comme des hommes. Il se souvenait encore de la maison de ses parents, construite à la lisière de cette jungle aux profondeurs inouïes, de ces pluies qui duraient de longs mois et qu'il regardait ruisseler sur la nature, le nez collé aux vitres. Il avait le don d'animer ces images et de les peindre avec les véritables couleurs de la vie car il s'était épris, malgré son jeune âge, de cette faune prodigieuse, de cette flore de paradis terrestre avec ces oiseaux dont les chants et les cris résonnaient encore à ses oreilles. Il revoyait les perroquets qui jaillissaient comme des fusées de couleurs au milieu de l'épanouissement des arbres séculaires ; il s'égayait des cabrioles jamais lassées des singes de toutes tailles, et il semblait encore prêter l'oreille aux voix des fauves dont la nuit il avait entendu si souvent les appels. Trente-cinq ans après, ces souvenirs étaient encore en lui aussi vivants qu'aux premiers jours. Il en éprouvait une véritable nostalgie et il projetait de retourner à Saint-Laurent du Maroni rechercher la tombe de son père et retrouver les impressions de ses jeunes années.

Studieux presque à l'excès, il étonna, dès le commencement de ses études, tous ses camarades par l'extraordinaire attention avec laquelle il écoutait ses maîtres et sa prodigieuse facilité à assimiler leurs leçons. Dès la neuvième, où nous avions pour professeur un instituteur de la vieille école qui rabâchait inlassablement les mêmes rudiments de la grammaire, de l'histoire et de la géographie, il fut le premier de sa classe et il devait en être ainsi pendant toute la durée de sa scolarité. En lettres comme en sciences, en histoire comme en dessin, il réussissait comme s'il eût possédé dans toutes les branches de l'activité humaine des aptitudes spéciales. Mais, type vraiment original du fort-en-thème, il n'avait jamais l'air de travailler, nul labeur ne semblait l'absorber, il faisait tout pour ainsi dire en se jouant. C'est qu'il possédait une instantanéité absolue de la compréhension et était doué d'une mémoire vraiment unique : il lisait ses leçons une ou deux fois et les savait fort bien et pour longtemps, les passages des livres qu'il avait rapidement parcourus demeuraient gravés dans son esprit et, à plusieurs années d'intervalle, il répétait souvent de longs morceaux d'auteurs qui l'avaient frappé.

Pendant les quatre années qu'il passa à l'école Ozanam,

dirigée par des prêtres aux idées libérales, excellents éducateurs d'une jeunesse moderne éprise de liberté et de sain équilibre, il fit preuve d'une très vive piété. Plus tard il aimait à rappeler avec émotion le souvenir de sa première communion et à évoquer l'image d'un de ses camarades préférés, aujourd'hui fort lancé dans le monde du théâtre, dont l'angélique ardeur l'avait particulièrement séduit. Ces sentiments pieux qu'une vie agitée devait plus tard attiédir avaient laissé en lui de profondes racines. Il les retrouvera dans les périodes cruelles de ses deuils familiaux, aux heures pénibles de la guerre et enfin à l'heure de sa mort si digne de chrétien stoïquement résigné. Quand il se sentit irrémédiablement perdu, il ne témoigna jamais la moindre crainte de l'au-delà, et il accepta avec résignation et courage la décision suprême qui interrompait brutalement une existence si brillante et si nécessaire à son pays.

Il eut à l'Ecole Ozanam une affection très vive pour un prêtre aux idées larges et aux vues philosophiques dépassant les conceptions banalement admises. Pendant toute sa jeunesse, il eut en effet de fréquents entretiens avec cet abbé Desvignes, tout aussi bien sur les fins dernières de l'homme que sur la politique d'Aristote ou le meilleur gouvernement à donner à la France. Il ne cessa de le consulter que quelques années avant la guerre, lorsque ce dernier dut, vaincu par la maladie, quitter Lyon pour se reposer d'une vie active d'enseignement et de direction morale.

En juillet 1896, Laurent passait de l'Ecole Ozanam au Lycée

Ampère où il resta demi-pensionnaire jusqu'à la fin de ses études. C'est de cette époque que date la constitution d'un groupe plus ferme d'amitiés sur lequel il fonda toute son existence. En 1895, nous nous étions liés d'affection avec Alphonse Prelle, qui devait être un peu le mentor de toute son existence et dont il appréciait si hautement les qualités de cœur et de sage ordonnance. Nous formions alors le trio que Mme Vibert aimait à appeler les trois mousquetaires. Comme dans le roman, ces trois mousquetaires devaient être bientôt quatre. En 1897, nous connûmes Louis Rombrot.

Ce grand jeune homme élégant, souverainement beau et intelligent, doué d'une volonté de fer, devait avoir une influence très grande sur le développement intellectuel et moral de Laurent. Nul ne s'entendait mieux qu'eux lorsqu'ils parlaient du culte de la patrie et du devoir sacré de l'abnégation totale devant les intérêts du pays. Quand, plus tard, Louis Rombrot fut tombé en septembre 1914, à la tête de sa compagnie de chasseurs à pied, devant le fort de Troyon, j'entends encore Laurent me dire : « Il ne pouvait en être autrement, notre ami n'avait quelque chance d'échapper à cette guerre que par la blessure qui déforme et rend inapte au combat, mais il devait être touché, car ayant fait d'avance le sacrifice de sa vie à la France, il recherchait toujours l'endroit le plus exposé où il estimait qu'était sa place ».

Nous avons passé cette période des classes du Lycée dans une constante vie commune, et c'est ainsi que j'ai eu la possibilité de connaître mieux ceux qui s'étaient chargés de mon ami et à part soi en ressentaient un véritable honneur. Laurent se distinguait, en effet, de tous ses camarades, non seulement à la tête de ses classes et aux distributions des prix, mais dans toutes les circonstances de la vie. Sa marraine, Mme Vibert, qui entoura sa petite enfance des soins les plus maternels, s'ingéniait à lui rendre la vie douce et agréable en accueillant ses amis : que de bonnes journées nous avons passées chez elle à jouer telle comédie de Labiche, *la Grammaire* ou des pièces de Guignol. Plus tard, ce fut pour lui le guide nuancé et subtil qui tempérait les exubérances de sa jeunesse. Un jour, elle sera l'abri où il se réfugiera, le cœur brisé par un amour méconnu, dont toute sa vie il a conservé l'amertume. Il rendit à cette femme supérieure la tendre affection qu'elle lui prodiguait. Il la quittait fort peu et devint à son tour pour elle l'initiateur éclairé à tout ce qui était grand et beau dans le domaine des lettres et des arts. Ayant terminé ses études et libre de témoigner à Mme Vibert, devenue veuve, encore plus d'attachement, il entreprendra avec elle de voyager par toute la France qu'il aimait à lui révéler. Même une fois que celle-là fut paralysée, il fit faire pour elle une automobile aux aménagements spéciaux pour pouvoir continuer leurs randonnées, et je me souviens de leur joie bruyante quand ils descendaient tous deux vers la Provence, qu'ils préféraient à toute autre région. Leurs existences étaient si bien liées l'une à l'autre que, lorsque Laurent partit pour la guerre, Mme Vibert reçut le coup fatal qui devait l'emporter quelques mois plus tard. Ce fut alors dans la vie de Laurent le trou béant d'horreur qu'il ne put jamais combler et ses lettres de guerre disent assez la souffrance qu'il ressentit de n'avoir pu entourer de ses soins affectueux les dernières heures de cette seconde mère qu'il chérissait de tout son cœur.

M. Vibert était un commerçant de la vieille école qui faisait tout avec mesure et ponctualité. Parti de rien, il n'avait point été étonné de sa réussite, car il considérait que son travail acharné devait recevoir sa juste récompense. Installé enfin dans la fortune, il ne put en profiter, car la maladie le terrassa juste au jour où il aurait pu se reposer. Laurent, qui souffrit quelquefois de son intransigeance, l'admirait beaucoup, et quand, après avoir renoncé à l'enseignement, il eut enfin accepté de venir seconder ce père adoptif qui sentait son activité décliner, ce sont ses méthodes commerciales de raisonnement clair et de haute dignité qu'il reprendra et qu'il donnera en exemple à ses subordonnés.

Une autre personne dont l'influence sur Laurent n'est pas discutable est Jean Vernadet, subrogé tuteur des deux enfants. J. Vernadet, conducteur des Ponts et Chaussées à Culoz, était, comme on le voyait alors souvent en ces temps de valeur surabondante, un homme qui pouvait prétendre à de plus hautes destinées et qui végétait dans une situation subalterne, contraint par une sorte de fatalité acceptée sans amertume. Mais ses loisirs étaient nombreux, et il en avait profité pour beaucoup lire, beaucoup étudier et il avait beaucoup retenu. Je me suis toujours imaginé que Brillat-Savarin devait être un homme de cette espèce. Bugiste au verbe coloré, Vernadet avait toujours une histoire à raconter, une recette de fine cuisine à donner ; il aimait la vie et s'employait à réaliser la sienne avec le tact d'un épicurien. Il était érudit comme un élève de l'Ecole des Chartes, spirituel comme un bourgeois voltairien du Second Empire, mais conservait une allure un peu gauche de paysan endimanché qu'accentuait encore sa figure tannée et ridée comme une pomme reinette. Cependant, il possédait vraiment la véritable aristocratie, celle de l'esprit, et c'était un régal délicat que de passer quelques heures en sa compagnie. Grand chasseur, quand il racontait ses aventures au marais, les ruses de ses chiens, ses courses au lièvre, nous l'écoutions avec ravissement et nous nous voyions déjà à sa suite, barbottant dans les marais de Culoz où il nous emmenait parfois et où nous faisions l'office de chiens, avant d'être appelés à la dignité de chasseurs. Laurent fut toute sa vie un chasseur passionné, mais il manqua trop de loisirs pour satisfaire ce goût qu'il devait à la fréquentation de son ami.

Vernadet connaissait admirablement le Rhône, auprès duquel il passait sa vie ; il était surtout spécialisé dans les questions rhodaniennes, et Laurent avait entrepris avec lui une monographie du fleuve. Mais là ne se bornait pas ses recherches, Vernadet se passionnait aux études préhistoriques, à la recherche des stations lacustres et à l'histoire des races anciennes de la Gaule ; il déchiffrait avec la plus grande facilité les inscriptions antiques et lisait les vieux textes : Laurent de bonne heure s'intéressa à ses travaux, et c'est sûrement là qu'il faut chercher le point de départ de sa carrière d'historien et d'érudit.

Marcheur et grimpeur infatigable, Vernadet avait parcouru les Alpes en tout sens, recherchant les hautes cimes et les escalades ; il entraîna ainsi Laurent au sommet du Mont-Blanc, dont ils firent l'ascension le 9 août 1901. Mon ami aimait à rappeler les péripéties de cette ascension, et lorsque, quelques années avant sa mort, il vint avec les miens passer quelques jours à La Clusaz et à Pralognan, il se sentit repris par cette beauté incomparable de la nature alpestre qui lui rappelait ses souvenirs de jeunesse.

Parmi ses maîtres du lycée, il en est deux surtout qui ont eu sur son développement intellectuel une influence particulièrement heureuse, M. Latreille et M. Herriot, dont il parlait ainsi dans une conférence qu'il fit en 1921, aux Amis de l'Université de Lyon : « Mes maîtres que j'aime tendrement (vous me permettrez bien de citer M. Latreille et M. Herriot) m'ont guidé aux étapes successives de ma vie, et avec quelle persuasion charmante, sur le chemin merveilleux et difficile de la pensée et du goût, je leur dois le meilleur de moi-même ». Mais hélas, tous les professeurs que nous avons eus n'étaient pas de cette espèce, il en était tels autres qui avaient le don magique de rendre tout triste et tout ennuyeux ; eh bien ! ceux-là aussi ont eu sur nous une action heureuse et je ne trahis pas Laurent en rappelant telle conversation où il affirmait, en guise de paradoxe, qu'il était passé maître dans l'art de s'ennuyer, profitant de cette sorte de vacance de l'esprit, pour rêver à son aise. Il complétait sa pensée par une diversion sur les jeunes générations moins assidues aux offices de l'église catholique, qu'il déplorait aussi de voir écourter pour satisfaire aux exigences de la vie moderne. Habitué dès son jeune âge aux longs exercices pieux, il profitait de leur recueillement pour agiter dans son esprit les grands problèmes ; et il en fut ainsi pendant toute sa vie. Quand il s'ennuyait dans une de ces visites fastidieuses, véritables corvées sociales qu'il s'imposait, je le sentais tout à coup qui s'isolait en soi-même et sa belle imagination vagabondait dans le soleil.

La scolarité de Laurent au Lycée de Lyon s'acheva dans les classes d'Herriot qu'il eut successivement comme professeur de Rhétorique simple et de Rhétorique supérieure. C'est là que vraiment Laurent s'orienta vers les lettres ; jusqu'à ce moment, il avait été hésitant, car sa famille le poussait vers l'Ecole Polytechnique où il aurait tout aussi bien réussi, si l'on en croit la fougue avec laquelle, dans les dernières années de sa vie, il se mit à l'étude des mathématiques supérieures. Mais Herriot avait su discerner la qualité de cet esprit plus porté peut-être par sa finesse vers les conceptions purement littéraires ; aussi fit-il auprès de ses parents une démarche à la suite de laquelle mon ami entra en Rhéthorique supérieure pour y préparer l'Ecole Normale.

Souvent avec Laurent nous parlions de nos classes chez Herriot dont le souvenir nous demeurait comme au premier jour. Quelle joie c'était en effet pour nous de suivre cet enseignement qui sortait complètement de la banalité officielle et universitaire. Nous recevions, sans en rien perdre, tout ce qui émanait de l'intelligence si brillante de notre maître : tout prenait une couleur ; présenté par ce magicien de la parole, tout vivait. Nous sortions de là, la tête bourrée d'Horace, de Corneille et de Virgile et nous flambions d'idées classiques. Herriot préparait alors sa thèse sur Madame Récamier, il en profitait pour nous initier à la société de l'Empire et nous nous prenions de passion pour ces êtres si curieux et si complexes. Laurent a puisé là son enthousiasme pour Chateaubriand ; j'y ai connu le doux Ballanche qui a bercé de sa monotone rêverie les soirs de ma jeunesse. Et le maître lisait et nous écoutions religieusement ; il était même arrivé à nous faire faire du latin et du grec, comme par plaisir, car il savait nous en révéler les beautés éternelles. L'esprit de Laurent était un terrain merveilleusement fécond pour y recevoir la semence d'un tel enseignement, mais celui qui l'a jetée doit en conserver le mérite, et mon ami a toujours gardé à son maître une tendre affection, même après bien des divergences politiques. Le 26 décembre 1920, Laurent a tenu à l'affirmer encore dans le discours qu'il prononça au banquet qu'offraient à leur maître les anciens élèves d'Herriot : « Comprenez-le, dit-il, vous êtes pour nous « le maître », et savez-vous, savez-vous bien la différence qu'il y a entre le professeur et le maître ? Certes nous avons eu, en dehors de vous, des professeurs excellents, mais à mesure que la vie nous portait, nous sentions diminuer, peu à peu, la distance entre eux et nous ; nous ne

sommes pas loin, maintenant, d'être de plain-pied, et la reconnaissance respectueuse que nous leur gardons ne nous empêche pas
de les juger. Vous, ce n'est pas cela. A un moment où notre cerveau était encore malléable et souple, vous êtes venu dans notre
vie, et avec toute la persuasion de votre pensée, avec toute sa séduction, sans nous contraindre, en nous donnant la perpétuelle et
délicieuse impression que nous découvrions tout nous-mêmes,
vous nous avez modelés, d'une main douce et forte, modelés au
point qu'entre *élèves d'Herriot,* malgré toutes les différences ou
même les oppositions de pensée, nous sommes sûrs de nous reconnaître, et de nous reconnaître tout de suite, par je ne sais quelle manière franche et loyale d'aborder les problèmes, par le goût
de voir en face les questions, sans ruser, sans truquer, par l'amour
de la multiplicité et de la lumière, et je résume tout cela d'un mot :
par notre commune affection pour vous ».

C'est au cours de ces années de lycée que Laurent publia
bien des œuvres charmantes dans une petite revue lyonnaise qui
constitua un véritable tour de force et dont l'histoire vaut la peine
d'être racontée, puisqu'elle explique un peu de la pensée de Laurent. En 1899, nous avions commencé la publication autographiée
d'une feuille mensuelle qui portait le nom austère d'*Académique.*
Il y avait là comme collaborateurs : Jacques Busquet, Hugues Clé-
ment, les Bussy, les Ollier, Bindewald et bien d'autres. Laurent
y donna un jour un long poème sur *la Légende de Saint-Hubert.*
L'année suivante la *Revue académique* paraissait en fascicules im-

primés chez Rey d'abord, puis, en 1901, chez Storck. Enfin, à quelque temps de là, le succès aidant, nous changions notre nom et nous nous placions sous l'égide d'Athéna. Nous étions alors quatre à la direction, Laurent, Prelle et moi pour Lyon, Gabriel Clouzet pour Paris. Figure bien curieuse, que celle du poète Clouzet, l'auteur du *Livre de la Pitié*. Laurent l'aimait de tout son cœur dans son étrangeté et dans sa douceur : c'était un vrai poète qui eut du génie, mais qui mourut de l'excès de son travail et de sa misère. Il avait produit inlassablement et la flamme de son âme brûla la frêle enveloppe corporelle.

Laurent avait dessiné la couverture de la Revue et sa composition originale combinait le visage de Pallas Athénée, les chevaux de la frise du Parthénon et la légende d'Orphée et d'Eurydice. C'est une des rares compositions artistiques qui nous soient restées de lui. Il avait cependant de bonne heure étudié le dessin, qu'il pratiquait avec facilité, et la peinture. Il fut, à Lyon, l'élève d'un peintre de portraits apprécié, Mlle Garcin, auprès de laquelle il apprit le jeu des couleurs et la technique de leur emploi. Au lycée, il eut le prix de la fondation Puvis de Chavannes, mais il affirmait en matière de boutade que si le prix lui fut attribué, il n'en reçut jamais la matérialisation. Plus tard, quand il fut à Rome, quand il alla en Tunisie et en Ombrie, il brossa quelques toiles qui sont d'un impressionnisme violent et d'une grande vivacité de couleurs. Se serait-il remis à la peinture, c'est probable car il recherchait toujours à approfondir ses connaissances techniques dans cet art, en étudiant les tableaux anciens qu'il goûtait particulièrement et dont il avait réuni une belle collection. Et puis il aimait à rappeler la demande qu'il avait, en petit garçon pieux, adressée à Dieu, le jour de sa première communion, pour connaître sa vocation, et la voix intérieure lui avait répondu qu'il devait être un grand peintre.

Mais revenons à la *Revue Athéna :* la publication de cette revue qui parut de 1902 à 1906 était accompagnée de séances qui se tenaient dans un fort joli local, que nous avions loué, au dernier étage de l'immeuble occupé antérieurement par les Dames de Nazareth, 2, rue Vauban, en pleine lumière, sur les quais du Rhône, en face de Fourvière. Dans cette salle de rédaction, où s'accumulaient dans un aimable désordre les livres et les revues, et où s'agitaient les idées émanées de jeunes cerveaux bouillants, nombreux sont ceux qui ont passé et laissé de leurs œuvres qui, publiées dans la Revue, sont maintenant bien curieuses à relire : Jane de Flandrésy, Jean Bach-Sisley, Henri Bachelin, Albert Mérat, Paul Rougier, Charles Franhor, Xavier Privas, Ernest Chebroux, Théodore Botrel, Georges Droux, Henri Allorge, Paul Edouard, José Bloch, Henry Béraud, Camille Roy, Léonce Depont, Jean Nesmy, Eugène Vaillant, Gaston Baty, Jules Romain, Paul Fort, Rémy Beaurieux, Léon Frappié, Edouard Lepelletier, Emile Faguet et François Coppée.

Mais un beau jour, il y eut quelque mésentente, une scission se produisit, une revue concurrente naquit, qui vécut peu. Laurent était à Paris à l'Ecole Normale. Il attira à lui la *Revue Athéna*, qui fut publiée en grande partie par le groupe de ses camarades et des amis de Clouzet. Hélas, les Parisiens devaient tuer la petite revue de province, ils virent trop grand et peut-être aussi trop petit, car ils se mirent à la remorque d'une chapelle d'écrivains qui lui enleva son éclectisme. Elle disparut enfin un beau jour, faute d'argent... C'est la fin commune à ces publications de jeunes, mais celle-ci eut au moins le mérite de durer plus qu'il n'est d'usage.

J'ai tenu à parler ici de cette revue non pas seulement parce que Laurent y publia ses premières œuvres, mais parce que c'est une manifestation de son goût très vif pour les revues. Au cours de sa vie; il en dirigea d'autres : le *Clairon*, la *Revue Franco-Macédonienne*, les *Cahiers d'Orient*, pendant la guerre à Salonique, la *Revue d'Extrême-Orient* et la *Revue du Lyonnais* au cours de ces récentes années. Le dernier numéro qui devait paraître de la *Revue du Lyonnais* contient·son éloge funèbre.

Laurent adorait tout ce qui touchait de près ou de loin à l'imprimerie ; il ne se sentait jamais si à l'aise que devant les casses ou les machines, l'odeur de l'encre d'imprimerie était nécessaire à sa santé, disait-il. Aussi ne fut-il jamais plus heureux de sa vie que le jour où il rencontra Marius Audin, qu'il reconnut en lui le successeur des Jean de Tournes, des Gryphe et des Alde et qu'il put s'associer avec lui. Ces deux hommes possédant une parcelle de ce feu sacré qu'est le génie étaient faits pour se comprendre et s'aimer, et de leur collaboration sont sorties des œuvres admirables : *Cynthie*, le *Testament de Saint Louis*, le *Discours à la Bien-Aimée*. En même temps Laurent s'intéressait aux publications de voyages de la Maison Crès et publiait ce magnifique florilège de Desbordes-Valmore, illustré par Guérin, qui est le plus bel ouvrage qu'ait donné le Cercle Lyonnais du Livre. Il avait aussi entrepris des travaux énormes de bibliographie sur les marques d'imprimeurs et les livres de voyage qui resteront comme des monuments définitifs dans la science du répertoire.

Si Laurent aimait les livres pour leur technique, il adorait aussi les collectionner et en réunir de beaux ensembles. Mais il ne devint bibliophile que sur le tard ; sa jeunesse se passa à dévorer les livres, sans respect pour leur matière destructible : nul ne cassait mieux le dos d'une reliure et cornait le coin d'une page ; il lisait en mangeant, au lit, en chemin de fer, partout, horreur de l'amateur. Après la guerre, où il avait vu périr tant d'œuvres d'art, il s'assagit, se prit de passion pour le livre précieux, dont il feuilletait avec respect les éditions aux gravures rares qu'il appréciait tout particulièrement.

Parmi les quelque vingt articles de valeur fort inégale qu'il a publiés dans la *Revue Académique* et la *Revue Athéna*, il en est de tout à fait curieux pour l'histoire des idées de Laurent ; d'autres sont simplement charmants et nous révèlent déjà toute la délicatesse de son âme de poète et la verdeur naissante de sa verve satirique. Dans son article sur *la Légende de l'Aigle*, de Georges d'Esparbès, paru en janvier 1900, on sent déjà l'esprit futur de sa cirtique ; s'il exalte le peintre et le visionnaire, il a bien compris tout ce qu'avait d'expressif le tempérament de ce rêveur de batailles et de fumées glorieuses. Il n'avait que seize ans quand il écrivit cette délicieuse idylle antique où il met en scène les amours d'Astyanax, fils d'Hector, et de Melantho, fille d'Achille, près de la fontaine Messeis et l'on trouve là des passages d'une douceur exquise, tout empreints de Théocrite et de Lecomte de Lisle, qui sont d'un goût très sûr et d'une haute tenue littéraire. Il y a de fort beaux vers dans son invocation à Athéna, mais j'aime mieux sa recette des *Pommes meringuées,* que voici :

Choisis huit pommes de reinette ;
qu'ensuite, morceau par morceau,
dans la casserole on les mette
avec citron, sucre, beurre, eau.
Un feu doux, à flamme discrète,
fera fondre le tout bientôt...
Cependant que sur le fourneau
sort, comme d'une cassolette,
un doux parfum...
    Lors, que l'on fouette
des blancs d'œufs ; que sur eux l'on jette
sucre pilé ; lisse au couteau ;
puis que ces œufs aient pour couchette

les pommes décrites plus haut.
Fais sécher dans un four bien chaud,
place le tout sur une assiette
et bénis-moi de ma recette.

Dans *Athéna* parurent deux pièces fort importantes pour l'histoire des idées de Laurent : sa *Conférence sur l'évolution des idées en France au XVIIIe siècle*, qui lui valut le deuxième prix au Concours général de 1901, et la *Soirée chez Rivarol*, qui fut son prix d'honneur du Concours général de Rhétorique supérieure en 1903. Entre temps, en 1902, paraissait *Abdhul, conte aussi philosophique qu'oriental*, où il met en scène un marchand de Bassorah. L'œuvre est écrite à la manière du conteur des *Mille et une nuits* et l'on y peut pressentir l'orientaliste de l'âge mûr, qui ira à Bagdad par le désert et se plaira à saisir les finesses de l'âme musulmane.

En 1903, il publia un curieux dialogue intitulé *les Deux Générations*, celle de 1848 et celle de 1903 ; c'est une scène à clefs où il met en opposition ses amis les plus chers avec leurs faiblesses et leurs enthousiasmes. Du même genre est *Marthe*, où il se présente sous les traits d'un désillusionné romantique, alors que partout ailleurs nous le retrouvons si vivant et si humain.

Dans *Une drôle d'histoire de chasse en Beaujolais*, il a l'occasion de parler de ce pays où pendant toute son enfance il passait régulièrement ses vacances dans la propriété de ses parents. Son père adoptif l'y avait chargé de la direction des vignerons de son domaine de Saint-Julien. Il fallait le voir au milieu de ce personnel particulièrement délicat à conduire ; il savait s'en faire estimer et écouter, car il se plaisait à converser avec les paysans et à s'inspirer de leurs besoins et de leurs projets. C'est déjà chez ce jeune homme l'amour des humbles qui se manifeste et dont il ne se départira pas toute sa vie. Auprès des petits il se sentait chez lui, il aimait à rappeler qu'il était le petit-fils d'un pâtissier de la rue Sainte-Hélène et il ne se sentit pas de joie quand un jour il découvrit qu'un Laurent, son ancêtre, avait été membre du Comité révolutionnaire de Givors en 1848 ; mais il se donnait, il est vrai, une compensation en assurant que son père avait été zouave pontifical.

Après avoir été reçu 9e à l'Ecole Normale dans la section des lettres, il partit faire son service militaire comme engagé volontaire. Il passa neuf mois au peloton des dispensés. Ses chefs reconnurent déjà sa valeur incomparable ; lui, fut peut-être un peu moins enthousiaste, car son indépendance d'intellectuel épris de liberté s'accommodait assez mal d'une discipline stricte.

C'est ainsi que s'acheva la première jeunesse de mon ami ; il allait s'avancer vers de hautes destinées, mais les qualités de l'homme mûr se faisaient déjà jour en lui.

Mathieu VARILLE.

L'ÉCOLE NORMALE
(1904-1907)

Aᴅᴍɪs à l'Ecole Normale en juillet 1903, Laurent-Vibert fit immédiatement son année de service militaire et n'entra à l'Ecole qu'en 1904. Classé neuvième, il avait été reçu en même temps qu'un autre Lyonnais, Félix Charvet, mort à la guerre, double succès d'autant plus remarquable qu'à ce moment les rhétoriques supérieures de Paris passaient pour posséder le monopole de la préparation fructueuse à ce concours.

Les élèves de première année sont installés au rez-de-chaussée dans des salles de travail (des *turnes*, dans l'argot de l'Ecole), où ils se répartissent eux-mêmes par groupes de quatre suivant leurs affinités. En général, on s'entend, avant la rentrée, entre camarades particulièrement liés pour occuper la même turne. Laurent-Vibert et Charvet, arrivés tout droit de Lyon, ne connaissaient naturellement personne dans ce milieu issu des lycées parisiens. Je n'avais moi-même pas d'amis avec qui je fusse désireux de m'associer. Cet isolement nous rapprocha, et nous prîmes ensemble possession de la dernière turne libre. Le quatrième membre de notre groupe fut l'élève étranger que comptait chaque promotion, un Luxembourgeois dépourvu, lui aussi, de camarades. La règle du groupement par quatre imposée aux élèves de première année m'amenait ainsi à partager pendant un an la vie de Laurent-Vibert.

Tout ce que je savais alors de mon compagnon, c'était ses succès scolaires, son prix d'honneur au Concours général, sa brillante réussite à l'Ecole Normale. Sa cordialité, sa franchise m'attirèrent immédiatement vers lui.

Laurent-Vibert entrait à l'Ecole avec des idées arrêtées sur ce qu'il voulait y faire : il choisissait la section d'histoire et, par delà l'Ecole Normale, il visait à l'Ecole de Rome. De toutes les disciplines qui s'offrent au choix d'un jeune normalien, l'histoire est la moins spéciale. Les études historiques n'ont pas pour principal objet l'acquisition d'une technique, mais la connaissance des formes diverses prises par l'activité humaine aux diverses époques ; elles constituent un élément plus essentiel de la culture générale que les études philosophiques ou même que les études purement littéraires dans lesquelles la pratique des langues classiques tient une place importante. C'est sans doute par ce caractère de généralité humaine que l'histoire a séduit Laurent-Vibert.

Son intelligence souple et vive, éprise de toutes les manifestations de la vie, répugnait à s'enfermer dans un domaine restreint. Elle a dû le séduire encore par l'appel qu'elle fait à l'imagination, à l'art, pour reconstituer le passé ; car, si ses méthodes ne sont pas d'une austérité moins rigoureuse que celles de la philologie ou de la philosophie, elle aboutit à un tableau coloré des époques disparues, tableau dont l'attrait devait inévitablement s'exercer sur un esprit soucieux de ne pas séparer la recherche érudite de l'évocation des personnes et de leur milieu. Quant à ce qui l'orientait du côté de Rome, c'étaient à la fois l'éternelle tentation de la terre et de l'art italiens et la préoccupation plus historique de prendre contact avec les lieux où s'était déroulée l'histoire romaine. Il trouvait à l'Ecole même en Gustave Bloch un maître bien fait pour le guider dans cette voie et pour l'initier à l'étude de l'Antiquité.

L'enseignement de l'histoire et de la géographie en première année était alors réparti entre quatre professeurs : G. Bloch pour l'histoire ancienne, M. Pfister pour le Moyen Age, M. Bourgeois pour la période moderne et contemporaine, M. Gallois pour la géographie. Chaque matière était l'objet d'une conférence hebdomadaire que suivaient tous les élèves de la section et dans laquelle, à tour de rôle, ils faisaient des leçons et des explications ; en outre, chacun d'eux rédigeait un mémoire dont il choisissait le sujet d'accord avec le professeur dans la spécialité duquel il avait l'intention d'approfondir ses études. Ce mémoire constituait l'épreuve essentielle de l'examen de licence qui terminait la première année, et c'était en somme sur sa préparation que portait le principal effort. Sur les indications de Bloch, Laurent-Vibert entreprit d'étudier la question suivante : *César a-t-il voulu se faire roi ?*[1]. C'était là un problème de psychologie politique dont l'examen demandait à la fois une connaissance fine des idées et du milieu romains à la fin de la République et une critique minutieuse des textes anciens relatifs à cet épisode de la vie du dictateur. Laurent-Vibert s'attaqua avec beaucoup d'ardeur à ce travail. Il offrait tout d'abord pour lui l'intérêt d'un premier maniement des méthodes de l'érudition ; la comparaison rigoureuse des textes en présence, l'appréciation de leurs nuances, les difficultés que soulève, dans l'étude de l'antiquité, la critique des sources, la confrontation même des solutions diverses proposées par les historiens modernes, tout cela le charma parce qu'il arrivait ainsi à extraire des textes toute la pensée, toute la réalité qu'ils contiennent, à saisir sur le vif les procédés de conception et de rédaction des écrivains anciens. En outre, par l'étude des institutions romaines, par la lecture des auteurs contemporains de César, il lui plaisait de pénétrer les idées, les intérêts, les passions dont était faite la vie d'un Romain vers le milieu du Ier siècle avant l'ère chrétienne. Le travail qu'il présenta comme résultat de ses recherches fut, de la part de Bloch, l'objet d'un jugement élogieux.

[1]. Il a rappelé les souvenirs que lui avait laissés la préparation de ce travail dans *les Affaires et la Pensée*, p. 11-19.

Mais la curiosité de Laurent-Vibert ne se satisfaisait pas de ce qui constituait l'enseignement régulier de la section d'histoire. Comme complément à la conférence de Bloch il allait entendre, à l'Ecole des Hautes Etudes, Héron de Villefosse qui y professait l'épigraphie latine et, sans jamais faire pour ce maître aucun travail particulier, il n'a pas cessé, pendant ses trois années d'Ecole, d'être assidu à ses leçons. Encore à l'Ecole des Hautes Etudes, il suivait le cours de M. Abel Lefranc sur l'histoire littéraire de la Renaissance française. Enfin, mes études, qui portaient sur un domaine voisin du sien, l'antiquité grecque, l'intéressaient beaucoup. Ainsi, tout en se créant une compétence particulière dans une spécialité de son choix, il tenait à s'initier à d'autres disciplines.

Cependant, les conditions dans lesquelles nous vivions nous avaient permis de nous mieux connaître. A la sympathie instinctive de la première rencontre n'avait pas tardé à succéder une bonne camaraderie, elle-même rapidement transformée en véritable amitié. A la fin de notre première année d'Ecole, nous étions amis intimes, et si je suis obligé, dans ce récit, de rappeler nos sentiments réciproques, c'est qu'à partir de ce moment notre existence normalienne a été en réalité commune. La vie que l'on mène dans le monastère laïque de la rue d'Ulm est favorable à ces intimités. A 7 heures la cloche sonnait le réveil ; dans le dortoir, où des cloisons de bois délimitent des chambrettes individuelles, quelques-uns, peu nombreux, avaient devancé son appel et étaient déjà debout ; d'autres attendaient son signal pour se lever ; d'autres prolongeaient leur séjour au lit jusqu'à 8 heures moins 5, se ménageant ainsi le temps de gagner à la hâte le réfectoire avant que le déjeuner, servi à 7 heures et demie, fût enlevé ; il y en avait même qui, travailleurs de la nuit, préféraient sacrifier au sommeil le café au lait matinal et ne se décidaient à bouger que lorsque le remue-ménage du service rendait tout repos impossible. Laurent-Vibert, ordinairement couché assez tard, dormait le matin d'un profond sommeil, et je devais le réveiller pour qu'il arrivât à temps au réfectoire. Après le déjeuner nous rentrions dans notre turne et, jusqu'au soir, nous ne nous séparions guère que pour les cours différents que nous avions à suivre ou pour les quelques sorties qu'exigeaient nos relations personnelles. Durant cette période, la vie de Laurent-Vibert et la mienne sont donc étroitement associées. Je m'excuse d'être ainsi amené à tant parler de moi, à dire si souvent « nous », dans ces pages qui devraient être remplies de sa seule personne.

La deuxième année d'Ecole est tout d'abord marquée par un déménagement ; du rez-de-chaussée on passe au premier étage. Les turnes sont aussi plus nombreuses, de sorte que chaque groupe de trois élèves a droit à une salle de travail ; l'appartement des « carrés » comprend, en outre, deux petites pièces qui, par suite de leur exiguïté, ne peuvent recevoir qu'un seul habitant. Une de ces turnes échut à Charvet qui nous quitta donc, et Laurent-Vibert, le Luxembourgeois et moi, nous nous réinstallâmes, à la rentrée de 1905, dans un nouveau local. Cette seconde année est celle qui laisse en général dans la mémoire des normaliens le souvenir le plus cher : d'une part, on se sent plus « chez soi » qu'en première année ; lorsqu'on rentre à l'Ecole au retour des vacances, ce sont des figures connues que l'on retrouve, c'est dans des habitudes familières que l'on reprend sa place, et l'on jouit du plaisir de ne plus être des derniers venus dans la maison. D'autre part, le principal travail de l'année est la rédaction d'un mémoire qui constitue la partie essentielle de l'examen final, le diplôme d'études supérieures. Le sujet de ce mémoire, plus étendu qu'en première année, se rapporte le plus souvent au même ordre d'études, mais l'expérience acquise permet d'abord d'en choisir la matière avec plus de discernement, ensuite d'éviter bien des tâtonnements dans l'organisation de son travail. On se meut tout à fait à l'aise parmi les publications savantes et, les difficultés du début surmontées, on goûte sans réserve la joie de la recherche personnelle et de la création scientifique. Ajoutez que l'examen, reposant avant tout sur l'épreuve du mémoire, n'offre pas le caractère aléatoire d'un concours, que les interrogations qui le complètent portent sur des matières, elles aussi, au choix du candidat, et vous vous rendrez compte de la liberté intellectuelle presque complète dont bénéficie le « carré » normalien.

Laurent-Vibert emprunta le sujet de ce second mémoire, comme celui du premier, à l'histoire de la fin de la République romaine, et il étudia, toujours sous la direction de Bloch, les rapports des fermiers des impôts, ou publicains, et de Cicéron en

Cilicie durant le gouvernement du grand orateur[1]. Ce n'était plus ici un problème de psychologie politique, c'étaient des questions économiques et financières qu'il s'agissait d'élucider. Dès ce moment, ces questions sollicitaient particulièrement Laurent-Vibert parce qu'elles le mettaient en contact avec les réalités les plus vivantes qui soient, et il se mit à démêler les affaires des publicains d'Asie en l'an 51 avant Jésus-Christ avec autant d'entrain que, plus tard, le mécanisme économique ou financier des Etats modernes. La base de son travail était le dépouillement des lettres écrites par Cicéron durant son proconsulat de Cilicie ; il sut forcer son intelligence si rapidement compréhensive à la lenteur nécessaire d'un scrupuleux examen des documents, et il fut récompensé de cet effort par un résultat important : il établit qu'au moment où Cicéron s'y trouvait, les compagnies de publicains qui opéraient en Asie avaient constitué un véritable syndicat destiné à rendre impossible toute concurrence dans les adjudications[2]. Ainsi s'expliquait mieux qu'on ne l'avait fait jusqu'alors l'attitude arrogante des sociétés fermières, détentrices d'un monopole et libres d'imposer leurs conditions à l'Etat.

Avec les questions économiques la forme de l'activité humaine qui a le plus attiré Laurent-Vibert est certainement l'art. Or, pour matière du mémoire que je devais moi-même présenter,

1. Un résumé de ce mémoire a eté imprimé dans les *Positions de mémoires présentés à la Faculté des Lettres de Paris*, session de juin 1906, p. 187-192.

2. *Cf.* plus bas p. 68.

j'avais choisi l'étude d'une catégorie de vases anciens, les vases dits de style cyrénéen. Déjà, dans le cours de notre première année, Laurent-Vibert s'était initié avec moi à la céramique grecque ; nous avions admiré en commun les œuvres des potiers hellènes, et il y avait apprécié non seulement la richesse des informations relatives à l'antiquité, mais la finesse du sens décoratif, le pittoresque et la vie des représentations. Il m'offrit de collaborer de façon effective au travail que j'entreprenais en le faisant profiter de son habileté de dessinateur. Je n'avais moi-même jamais su manier proprement un crayon, et j'accueillis avec enthousiasme une proposition qui me permettait d'adjoindre à mon travail la reproduction des exemplaires les plus intéressants du groupe que j'étudiais. Il fut, en effet, entendu que l'exposé descriptif et historique qui constituait mon mémoire serait complété par un album dont les planches représenteraient à l'aquarelle les vases restés inédits ou connus par des gravures insuffisantes. Laurent-Vibert devint donc mon collaborateur. Les plus beaux échantillons de la céramique cyrénéenne sont conservés au Louvre et au Cabinet des Médailles ; nous fîmes ensemble plusieurs séances dans les deux musées. Dans les salles fermées·au public, le conservateur sortait les vases de leurs vitrines et, tandis que je mesurais, décrivais, notais, Laurent-Vibert prenait des calques, dessinait, indiquait les teintes différentes avec des crayons de couleur, relevait le galbe des poteries. De retour à l'Ecole, il avait de cette manière, pour chaque vase, tous les éléments d'une ou de plusieurs planches donnant, avec la forme de l'objet, une image complète de son ornementation. Mais le Musée Britannique possédait aussi des échantillons importants du groupe cyrénéen ; nous résolûmes de ne pas borner notre documentation aux collections parisiennes et de pousser jusqu'à Londres. La recherche des vases cyrénéens fut ainsi l'occasion d'un voyage qu'une prudente gestion de nos fonds — nous avions chacun 200 francs à dépenser — nous permit de prolonger quatorze jours. Une fois en règle avec l'objet de notre expédition, nous visitâmes les monuments et les musées de Londres ; nous trouvâmes même le temps de passer encore deux jours à Oxford où nous découvrîmes quelques fragments cyrénéens dont la verdeur et l'archaïsme nous enchantèrent. Je possède toujours l'album exécuté pour moi par Laurent-Vibert. Les planches en sont établies avec le même scrupule de précision et de sincérité qu'il apportait à l'interprétation des textes. Il n'a voulu que rendre patiemment, consciencieusement le document antique. Il avait ainsi la joie, en reproduisant trait pour trait, teinte pour teinte, l'œuvre du céramiste grec, de mieux se rendre compte de la nature de son art et de déterminer avec précision ses procédés de travail.

Ainsi, dès ce moment nous voyons la pensée de Laurent-Vibert nettement orientée vers les deux ordres de sujets qui ne cesseront de la solliciter : l'organisation économique et la création artistique.

La préparation de son mémoire et le concours qu'il appor-

tait au mien n'ont pas absorbé, durant cette seconde année, tout
le temps de Laurent-Vibert. J'ai déjà signalé qu'en première année il avait suivi le cours de M. Abel Lefranc à l'Ecole des Hautes Etudes. L'intérêt qu'il prenait aux leçons de ce maître sur la
littérature française du XVIe siècle l'engagea à continuer, et il
m'entraîna même à suivre, moi aussi, cet enseignement. M. Lefranc étudiait, cette année-là, *l'Institution chrétienne* de Calvin,
dont il préparait avec quelques-uns de ses élèves une édition nouvelle. Le texte devait être suivi d'une série d'études sur les questions les plus importantes relatives à l'ouvrage du réformateur.
Notre jeunesse ne doutait de rien ; nous nous chargeâmes d'un
travail sur la liberté et le déterminisme chez Calvin. Travail qui
ne fut jamais achevé. Nous fîmes un certain nombre de dépouil-
lements, mais, dès l'année suivante, nous nous rendîmes compte
de l'impossibilité de poursuivre des recherches sérieuses dans un
domaine aussi éloigné de notre champ habituel. Du moins cette
tentative nous familiarisa-t-elle avec l'histoire de la Réforme française. Une autre étude à laquelle nous nous livrâmes avec ardeur
fut celle du sanscrit. Toujours à l'Ecole des Hautes Etudes, nous
fûmes, pendant la plus grande partie de l'année, les élèves assi-
dus de M. Louis Finot. Laurent-Vibert était bien maître du système d'écriture et commençait à traduire des textes faciles lorsque l'approche de l'examen, la nécessité de terminer nos mémoires, nous forcèrent à interrompre cette incursion dans l'orientalisme que ni l'un ni l'autre ne renouvela jamais.

Enfin — et ceci nous ramène à l'antiquité classique—, nous amorçâmes pour les vacances un projet de fouille dans les Alpes-Maritimes. Des amis nous avaient signalé, dans une propriété des environs d'Antibes, quelques blocs d'époque gallo-romaine sur lesquels étaient sculptés des armes et des objets d'équipement. Nous pensâmes qu'il serait intéressant de publier ces blocs, encore à peu près inédits, et de rechercher les restes du monument d'où ils provenaient. Dès le début des vacances Laurent-Vibert fit un premier voyage d'exploration et revint convaincu que notre projet valait la peine d'être réalisé ; ses relations personnelles dans la région pouvaient d'ailleurs en faciliter l'exécution. Dans un deuxième voyage que je fis moi-même en août, j'entrai en rapports avec le maire d'Antibes, avec le propriétaire du terrain, et arrêtai les voies et moyens. Tout étant ainsi préparé, nous fixâmes au mois d'octobre la date de la campagne de fouille. En dehors de nous deux, notre expédition comprenait un ami de la famille de Laurent-Vibert, conducteur des Ponts et Chaussées à Culoz, M. Vernadet, homme d'une culture étendue et précise, qui suivait de près le travail de Laurent-Vibert et qui a certainement exercé une influence profonde sur sa formation intellectuelle. Nous nous installâmes à Nice et, pendant quelques jours, nous nous rendîmes régulièrement à Biot où nous rejoignait l'escouade de cantonniers mis à notre disposition par le maire d'Antibes. Les tranchées que nous fîmes à travers la vigne ne mirent au jour que des débris insignifiants, mais nous fîmes photographier les blocs, Laurent-Vi-

bert établit le plan du champ de fouille et compléta les photographies par des dessins ; bref, nous recueillîmes tous les renseignements nécessaires pour une publication détaillée des blocs or-
nés qui avaient été le point de départ de notre recherche.

Octobre 1906 : peu de temps après, nous rentrions à Paris
pour notre troisième année. Cette fois, c'était tout à fait au haut
de l'Ecole, sous les combles, que nous étions logés. On appelle
cette région élevée le « Palais des cubes » ; il y a quelques années,
ces mots écrits en lettres rouges sur les plaques sombres de la toi-
ture étaient encore visibles. Mais que ce terme somptueux ne
fasse pas illusion : deux suites de petites pièces mansardées, gla-
ciales en hiver, torrides en été, de part et d'autre d'un long cou-
loir qui traverse dans toute sa longueur l'un des côtés du quadri-
latère que dessine le plan de l'Ecole : voilà ce que l'imagination
normalienne, éternellement dans son cinquième lustre, a décoré
du nom de Palais. Mais si la simplicité, voire l'inconfort du local
ne correspondent guère à l'appellation, le Palais des cubes n'en a
pas moins des charmes qui le rendent cher à ses habitants : son
isolement dans la partie la plus reculée de l'Ecole, la vue dont on
y jouit, soit d'un côté, sur la cour intérieure, austère et secrète,
soit de l'autre, sur tout un vaste horizon que l'on domine, l'agrément de n'avoir qu'à enjamber le rebord de sa fenêtre pour se
trouver dans la gouttière et errer sans obstacle sur les toits.
Dans cette dernière année d'Ecole, avant des séparations qui
durent parfois la vie entière, la camaraderie devient plus étroi-

te, l'amitié plus intime. Chaque groupe de deux élèves a droit à sa turne, plusieurs même peuvent avoir une turne où ils sont seuls. Cet isolement relatif, joint à l'appréhension d'un concours aléatoire, donne à la vie au Palais des cubes quelque chose de plus grave et de plus recueilli.

C'est, en effet, au terme de la troisème année que les normaliens se présentent à l'agrégation, concours dont ils se disputent les places avec les candidats préparés, soit à la Sorbonne, soit dans les Facultés de province. Le succès n'est donc pas aussi assuré que dans les examens antérieurs, et le programme, imposé, supprime la liberté du choix des études. C'était donc une année moins attrayante qui s'ouvrait pour nous, une année durant laquelle il était sage de sacrifier aux exigences de l'agrégation les recherches qui nous avaient sollicités jusqu'alors. Toutefois, avant de nous donner entièrement à la préparation du concours, nous voulûmes publier, parmi les résultats de nos travaux, ceux qui nous paraissaient dignes de voir le jour. Les documents que nous avions rapportés d'Antibes, presque complètement inédits, méritaient d'être connus. Héron de Villefosse, à qui Laurent-Vibert les soumit, l'adressa à M. Camille Jullian, qui nous offrit de les publier dans la *Revue des Etudes anciennes*, et Laurent-Vibert rédigea l'article qui a paru dans le tome IX (1907) de cette revue sous le titre *le monument romain de Biot (Alpes-Maritimes)*. Outre le compte rendu de nos brèves recherches sur le terrain et l'explication des motifs représentés sur les blocs, cet article comprend une restauration du monument et une étude sommaire de sa destination et de sa chronologie ; cinq planches l'accompagnent, dont deux d'après des photographies, et trois, ainsi que les figures dans le texte, d'après les dessins de Laurent-Vibert. D'autre part, en raison de la documentation nouvelle qu'il apportait, il nous parut intéressant d'exposer les conclusions de mon mémoire sur les vases cyrénéens en y joignant, parmi les aquarelles de Laurent-Vibert, celles qui reproduisaient des vases ou des parties de vases inédits. Je préparai donc une rédaction résumée de ce travail, et nous nous sentîmes très fiers que M. Salomon Reinach voulût bien accueillir dans la *Revue archéologique* de 1907 notre article intitulé *Essai sur les vases de style cyrénéen*. Toutes les illustrations qui l'accompagnent, deux planches et trente figures dans le texte, sont l'œuvre de Laurent-Vibert.

Mais c'était là commettre des infidélités à l'agrégation. La sagesse nous ordonnait de ne pas perdre trop longtemps le concours de vue. Une fois remis les manuscrits de nos deux articles, nous ne pensâmes plus qu'à lui. Nous préparions deux agrégations différentes et, par suite, nous n'avions ni même programme ni mêmes cours, mais nous nous communiquions, au fur et à mesure de leurs progrès, nos impressions sur nos travaux respectifs. Cet échange continuel d'idées adoucissait l'amertume que nous éprouvions, après deux années de recherches personnelles, à nous replonger dans une besogne d'ordre scolaire, en même temps qu'elle nous faisait profiter de nos observations réciproques. C'est ainsi que, candidat à l'agrégation des lettres, j'ai grandement bénéficié du sens littéraire si fin de Laurent-Vibert. Au programme de l'agrégation d'histoire figurait, cette année-là, la peinture italienne du XVe siècle ; nous étudiâmes le sujet au Louvre, et je pus me rendre compte, en examinant avec lui la série des tableaux qui représentent cette période, de la sûreté de coup d'œil et, plus encore, de la précision méthodique qu'il apportait dans la comparaison et dans l'appréciation des œuvres d'art. Lorsque nous arrivâmes au troisième trimestre, la perspective de l'agrégation s'imposa de plus en plus à nous. Laurent-Vibert se livra à un travail intensif pour se rendre maître des diverses questions du programme ; je l'aidais à repasser ses notes en lui posant des questions, et parfois, usant du privilège traditionnel des cubes, nous allions nous installer sur le toit pour procéder à cette révision.

Nos moments de distraction étaient après les repas. Nous nous étions associés avec quelques camarades pour préparer et prendre en commun le café et le thé. On se réunissait dans notre turne ; après le déjeuner Laurent-Vibert faisait le café dans la confection duquel il était passé maître ; après le dîner, c'était moi qui avais la charge du thé. L'habitude de faire du café ou du thé dans les salles de travail est une des traditions le plus solidement implantées à l'Ecole, et il n'est aucune turne qui ne possède tous les ustensiles nécessaires à cet usage. En première et en deuxième année, nous avions déjà pris l'habitude de ces pratiques ménagères, mais notre association était limitée aux habitants de la turne. En troisième année, ces réunions biquotidiennes autour du café ou du thé préparés par nous devinrent plus nombreuses. Elles groupaient régulièrement quatre de nos camarades : le Luxembourgeois et Charvet, nos coturnes de première année qui s'étaient, l'un après l'autre, séparés de nous ; un littéraire, actuellement vice-recteur et un historien qui est aujourd'hui un haut fonctionnaire marocain. D'autres se joignaient à nous de façon intermittente, ainsi qu'un Lyonnais, ami d'enfance de Laurent-Vibert, qui préparait l'agrégation à la Sorbonne et qui venait souvent nous retrouver. La force attractive de notre groupement tenait à la personnalité si vivante et si accueillante de Laurent-Vibert ; il était l'âme de nos réunions et, si j'ai tenu à rappeler ces souvenirs dont l'intérêt peut paraître insignifiant, c'est qu'il s'y révélait déjà l'animateur qu'il a été, dans la suite, en tant d'occasions. Ce qui faisait le charme de notre association, c'était que le lien qui nous réunissait n'était ni une communauté d'idées ni une communauté d'études ; nous appartenions à des milieux et à des tendances très divers ; les uns faisaient de l'histoire, d'autres des lettres. Ce n'était même pas une affinité de caractères : nous représentions, dès lors, des types bien différents que le développement ultérieur de nos existences n'a fait qu'accentuer. C'était quelque chose de plus subtil ; c'était, avec une gaieté d'enfants, une atmosphère de confiance, de bon vouloir et de respect mutuels qui était due, pour une grande part, au rayonnement de la personne de Laurent-Vibert. Au début de l'année, nous avions acheté, pour orner notre turne, une plante verte qu'un camarade, au mépris de toute observation botanique, gratifia du nom de Palmier fleuri. C'est autour du Palmier fleuri qu'avaient lieu nos réunions ; il devint comme le symbole de notre groupe. Encore maintenant aucun de nous ne peut, j'en suis sûr, se rappeler sans émotion ce nom qui évoque, avec le souvenir d'une année de jeunesse, la haute stature et la chaude cordialité de Laurent-Vibert.

C'est ainsi que la fin de l'année scolaire arriva, amenant avec elle les épreuves d'agrégation. Laurent-Vibert fut reçu quatrième et, peu de temps après, nommé à l'Ecole de Rome. Sa vie normalienne était terminée.

Entré à l'Ecole Normale à vingt ans, Laurent-Vibert en est sorti à vingt-trois. A un âge décisif dans la formation intellectuelle, quel profit a-t-il tiré de ces trois années ? Dans quelle mesure ces études historiques ont-elles été utiles à l'homme d'affaires, à l'homme d'action qu'il devait être plus tard ?

Je crois qu'entre la fin des études secondaires et l'entrée dans la vie active, ces trois années normaliennes, complétées par les deux années romaines, ont constitué pour Laurent-Vibert une halte bienfaisante par le fait même que, durant cette période, sa préoccupation dominante a pu être un souci de culture personnelle et d'enrichissement intellectuel. Au sortir du lycée, bien des dispositions, bien des tendances se révèlent déjà. Mais, pour qu'elles puissent intégralement se développer, il faut que le jeune homme ne soit pas contraint par une nécessité extérieure à s'engager dès l'abord dans une voie déterminée ; quelques années de liberté complète durant lesquelles, sans souci des exigences de la pratique, il peut se recueillir, ordonner ses idées, consacrer toutes les minutes de sa journée à des objets dont l'intérêt est d'ordre purement idéal, représentent pour l'esprit en croissance une cure merveilleuse qui en augmente l'acuité et la souplesse. En marge de l'action les inclinations profondes de la personnalité peuvent se préciser, évoluer en parfaite indépendance ; rien n'étouffe celles qui sont capables de devenir vraiment créatrices ou ne force à se développer malgré elles celles qui ne possèdent pas la force suffisante pour être jamais des facteurs actifs de la vie personnelle. En premier lieu, l'Ecole normale a assuré à Laurent-Vibert, à l'âge où c'est peut-être le plus profitable, le bénéfice d'une longue période de ce genre, véritable « retraite » durant laquelle non seulement l'intelligence se fortifie par une gymnastique appropriée, mais l'homme tout entier acquiert de lui-même une conscience plus lucide.

Mais l'influence de l'Ecole sur Laurent-Vibert n'a pas été limitée à ce bénéfice d'ordre général. Je crois la reconnaître de façon plus précise dans les points suivants :

Tout d'abord, il a reçu des études historiques l'habitude d'une méthode sévère qu'il conservera toujours. Lorsqu'il arrive à l'Ecole, il y apporte des dons précieux : non seulement la verve et l'imagination caractéristiques d'une jeune et brillante intelligence, mais aussi, marques d'un esprit déjà mûr, la clarté et l'ordre dans les idées. Toutefois, il manque à ces qualités, pour être véritablement fécondes, une discipline indispensable, celle de la précision. C'est de cette discipline que Laurent-Vibert est redevable à la pratique de l'érudition. Rien ne vaut l'étude critique des textes pour forcer un esprit à ne pas se contenter d'approximations. L'histoire ancienne est peut-être, à cet égard, plus instructive que toute autre partie du domaine historique, parce que ses sources sont très limitées et qu'il faut par suite, pour en extraire tout ce qu'elles renferment, les soumettre à un examen particulièrement minutieux. Le travail qui consiste à élucider tous les détails d'un document, à le comparer aux documents du même genre, à rechercher l'origine des renseignements qu'il fournit, à distinguer ce qui est authentique et ce qui est adventice, constitue un exercice singulièrement profitable pour qui veut apprendre à serrer la réalité de près. A l'aide de sources parfois contradictoires, souvent déformées, toujours mutilées, l'historien de l'antiquité doit atteindre les hommes et les choses du temps passé. Comment pourrait-il réaliser pareille gageure sans un perpétuel effort de rigoureuse précision? Il faut ne rien laisser échapper, donner à chaque fait son importance en le replaçant dans son milieu, saisir, souvent d'après de très faibles indices, les rapports de faits à première vue indépendants. Or cette méthode, que la philologie classique a portée à sa perfection, ne s'impose-t-elle point à tout homme dont l'action, de quelque nature qu'elle soit, s'étend dans un vaste rayon ? Il ne peut entretenir avec tous des relations personnelles ; c'est encore d'après des documents qu'il connaît les dispositions de ceux sur qui il veut agir et qu'il prévoit les contre-coups de ses décisions. Mais ces documents, il faut savoir les utiliser. Laurent-Vibert avait le sentiment de ce qu'il devait, sur ce point, à son éducation d'érudit. Un jour, dans son bureau de l'avenue Berthelot, il m'a expliqué comment il suivait les clients lointains du Pétrole Hahn ; la méthode qu'il employait pour se représenter, à travers l'espace, l'état d'esprit d'un parfumeur de l'Inde ou de la Chine était inspirée de celle qu'il employait, à l'Ecole, pour retrouver, à travers le temps, l'état d'esprit des financiers romains.

Mais ce n'est pas seulement sa méthode qui se forme ; à ce moment aussi se précisent les matières qui ne cesseront de retenir le plus fortement son intérêt. Intelligence très ouverte et très souple, Laurent-Vibert a été successivement attiré par les sujets les plus divers. Toutefois, ainsi que je l'ai déjà noté, il est deux études auxquelles il revient de préférence ou qui inspirent ses préoccupations : les questions économiques et l'histoire de l'art. Le milieu dans lequel il avait vécu jusqu'à son entrée à l'Ecole le disposait naturellement à s'intéresser aux premières et à en sentir l'importance ; à l'Ecole il les étudie dans le passé, il se forme une idée précise du mécanisme de la vie économique et se rend encore mieux compte, parce qu'il y porte une attention désintéressée, du rôle joué par le commerce et par la finance dans toute société. Si, plus tard, il continuera d'approfondir ces questions, ce ne sera pas seulement par inclination d'homme d'affaires, c'est parce qu'il a, dès lors, compris que cette étude livre une des clefs les plus sûres de l'histoire. Quant à l'histoire de l'art, il developpe de même et mûrit à l'Ecole les goûts un peu vagues, les dispositions un peu flottantes qu'il y apporte dans ce domaine. Nos recherches sur la céramique grecque, nos promenades à travers les peintures du Louvre, de longues séances à la bibliothèque de l'Ecole passées à feuilleter des ouvrages d'art l'amènent à analyser dans le détail les procédés de conception et d'exécution des artistes les plus différents, à saisir, dans sa réalité à la fois matérielle et spirituelle, le travail si vivant qu'est la création artistique, à en apprécier le mérite dans toute sa plénitude. Ce sera toujours sa joie de tirer d'un carton de belles estampes et de les contempler. Ainsi existe en lui dès ce moment, entre les deux études qui le sollicitent surtout, l'équilibre qui caractérisera plus tard son existence partagée entre l'activité commerciale et les entreprises au but purement idéal.

Enfin, la connaissance même du milieu normalien n'a certainement pas été inutile à Laurent-Vibert. Futur commerçant, il ne devait plus se trouver en contact d'une façon intime et prolongée avec le monde universitaire. Lui avoir appartenu pour un temps lui a permis de mieux comprendre des principes de vie, des motifs d'action tout autres que ceux qui dirigent en général le monde des affaires.

Qu'on ne se trompe point sur ce qui précède. En relevant ces traits où je crois retrouver, dans la formation de Laurent-Vibert, l'influence de l'Ecole Normale, je ne prétends pas que sans l'Ecole, vivant à Lyon, par exemple, et commerçant dès vingt ans, il eût été foncièrement autre. Mais, à cet âge, la nature humaine a un degré de réceptivité extrême, réceptivité d'autant plus vive que cette nature est plus ardente et plus riche. Je crois que, dans aucun autre milieu, son intelligence n'aurait pu, à ce moment précis de son évolution, se développer de façon plus favorable. A l'Ecole elle a trouvé à la fois, dans un cadre de vie approprié, la liberté et la discipline qui lui étaient alors également nécessaires et qui, ailleurs, lui eussent fait défaut. Elle a pu ainsi achever sa croissance, plus lentement sans doute que dans la vie active mais plus sûrement, en un développement naturel et harmonieux de toutes ses dispositions adolescentes.

J'ai tenu avant tout, dans les pages qui précèdent, à préciser ce qu'avaient été, de 1904 à 1907, les études et l'activité intellectuelle de Laurent-Vibert, mais je ne veux pas terminer ce chapitre sans indiquer en quelques mots quels paraissent être, à l'Ecole Normale, les traits caractéristiques de sa nature morale. Il me semble qu'on peut ramener à trois les traits fondamentaux dont l'association confère, dès ce moment, à sa personne une réelle force d'attraction.

Ce qui frappe en premier lieu chez lui, c'est l'amabilité, la gaieté, un ensemble de qualités qui font de lui un homme essentiellement sociable. Il adore causer, et sa conversation est charmante ; grave ou enjoué, cordial ou déférent, il sait toujours prendre le ton qui convient à la société dans laquelle il se trouve. Ce qui inspire ses paroles, ce n'est jamais la préoccupation de se faire valoir, c'est le désir de donner à son interlocuteur l'occasion de parler des sujets qu'il connaît ou qui l'intéressent spécialement. Habile à saisir les faiblesses des autres, il n'utilise cette connaissance que pour éviter de les blesser ; son esprit n'est jamais méchant, pas même ironique ou taquin. Très obligeant, c'est pour lui une joie de faire plaisir ; il aime en particulier calmer les discordes, réconcilier, répandre la paix autour de lui. Lorsqu'il travaille, il s'absorbe complètement dans sa besogne ; en revanche, aux heures de distraction, quel entrain ! Sa nature saine, bien équilibrée, est foncièrement optimiste, mais d'un optimisme exempt d'égoïsme, qui s'entretient en se propageant, qui est rayonnant et fécond.

Cette amabilité, cette sociabilité sont des qualités qui apparaissent dès l'abord ; tous ceux qui ont, avec Laurent-Vibert, des rapports, même rares ou superficiels, peuvent les apprécier et, plus ou moins, en subissent l'attrait. Il faut pénétrer plus avant dans son intimité pour reconnaître les qualités profondes : élévation de caractère, délicatesse de cœur, qui gagnent définitivement l'affection.

Les hommes les plus ouverts ont parfois des susceptibilités

qui empêchent nos relations avec eux d'être entièrement confiantes. Rien de pareil chez Laurent-Vibert. Les entretiens avec lui peuvent être d'une sincérité sans réserve ; on est sûr qu'aucune critique ne le froissera. C'est qu'il prend naturellement, dans la discussion, non pas l'attitude de l'homme qui veut coûte que coûte défendre ses idées ou ses actes, mais celle du chercheur qui veut, avant tout, s'éclairer. Désintéressement intellectuel qu'il porte aussi dans l'organisation de sa vie. S'agit-il d'un travail à entreprendre, d'une étude à amorcer, Laurent-Vibert ne se place pas au point de vue de l'utilité qu'il peut en retirer ; ce qui le guide, c'est le désir d'accroître ses connaissances, de mettre en lumière un fait ignoré ou de rendre service à un ami. Petite ou grande, il examine toute question avec une hauteur de vues qui n'exige de lui aucun effort. Son égalité d'humeur est la conséquence la plus apparente de cette élévation de caractère qui le maintient sur un plan supérieur à celui des intérêts individuels et le met à l'abri de toute mesquinerie.

Mais ce qui attache peut-être le plus à Laurent-Vibert, c'est la finesse de sensibilité grâce à laquelle il a, pour ainsi dire, l'intuition des états d'âme. Don précieux que le don de sympathie : Laurent-Vibert saisit les idées, les sentiments inexprimés de ceux avec qui il se trouve et se met spontanément à l'unisson. Il a la parole ou le silence qui convient, sait être, suivant les circonstances, empressé ou discret. Cette faculté, si développée chez lui, n'est pas une forme de la sociabilité, c'est quelque chose de plus profond, qui vient du cœur. Laurent-Vibert possède ce sens spécial, percepteur des vibrations infimes où se révèlent les dispositions secrètes de nos âmes, sens réservé aux hommes dont le cœur est assez accueillant pour sentir vivement et exactement ce qui touche autrui. C'est là ce qui donne à son amitié tant de délicatesse, tant de charme bienfaisant.

Tel, dans des souvenirs de près de vingt ans, je retrouve Laurent-Vibert normalien.

Charles Dugas.

ROME
1907 - 1909

LAURENT fut nommé membre de l'Ecole de Rome aussitôt après son succès à l'agrégation. Nous devions, en Italie, nous lier d'amitié et acquérir tout un trésor de souvenirs communs. Je crains d'évoquer bien mal ce temps heureux : sa mémoire était plus fidèle que la mienne, toutes les reliques que je possédais de notre séjour romain ont disparu durant la guerre, et bien des souvenirs ont péri avec Laurent, qui ne peuvent être retrouvés.

Laurent possédait une préparation archéologique solide, qu'avait attestée la publication, en commun avec Charles Dugas, de deux savants mémoires sur *les Vases de Cyrène*, dans la *Revue archéologique*, et sur *le Monument romain de Biot*, dans la *Revue des Etudes anciennes*[1]. Très peu de temps après son arrivée à

---

1. *Cf.* p. 46-47.

Rome, en novembre 1907, je le persuadai de m'accompagner dans une exploration archéologique de la région de Minturnes. J'avais reconnu, au printemps précédent, sur les indications d'un savant médiéviste italien, M. Pietro Fedele, cette contrée peu visitée, pays marécageux barricadé de montagnes qui, de Terracine à Mondragone, conserve ses anciennes mœurs et sa pauvreté ; car nulle voie ferrée ne remplace encore l'Appienne. Nous habitions, chez les Aurunques, l'auberge isolée qui, à quelque distance des ruines antiques, vit du trafic de la route. Le bourg moderne s'est transporté sur la hauteur de Traetto, tandis que la ville ancienne gardait le pont du Liris ; le pont romain, qui survécut jusqu'à Bayard et devint illustre sous le nom de pont du Garigliano, est aujourd'hui remplacé par une construction métallique. Parfois nous nous sommes apitoyés sur le sort du gardien, aux yeux brillants de fièvre, drapé noblement dans sa cape, et qui nous disait que dans cette région malsaine les gardiens du pont étaient condamnés à mourir jeunes. Chaque matin nous quittions l'auberge et nous nous mettions en route pour les ruines proches du pont, mais nous n'y parvenions jamais. Trop de débris antiques, blocages informes, souterrains d'anciennes *villae*, nous retardaient, et méticuleusement Laurent dessinait et mesurait tout. Quand enfin nous parvînmes aux remparts, à la vaste conque de l'amphithéâtre envahi par les vignes, au château d'eau, les journées étaient devenues courtes et brumeuses et il fallut regagner Rome.

Durant cet hiver, si mon souvenir est juste, Laurent commença d'étudier un important inventaire du Palais Farnèse, daté de 1653, que notre camarade P. Bourdon avait découvert aux archives de Parme et dont il préparait la publication. Associé à cette recherche, Laurent, insatiablement curieux, entraîna Bourdon dans tous les recoins du palais. Nous entendions leurs pas dans les plafonds et dans les murs. Notre ami de la Villa Médicis, l'architecte et archéologue Patrice Bonnet, le restaurateur de Priène, les secondait. Cette étude minutieuse préparait le très important mémoire que Bourdon et Laurent publièrent ensemble dans les Mélanges de l'Ecole, en 1909 (*Mélanges*, XXIX, pp. 145-198), sous ce titre *le Palais Farnèse d'après l'inventaire de 1653*. Pour la première fois, la destination ancienne des appartements était révélée, et même l'ameublement était reconstitué, ainsi que la disposition des jardins. Dans le même temps, Laurent publiait en commun avec moi des *Inscriptions inédites de Minturnes* (*Mél.*, XXVII, 1907, pp. 495-507). Enfin, il travaillait à un article très personnel sur *les Publicains d'Asie en 51*, que les *Mélanges* publièrent en 1908 (XXVIII, pp. 171-184). Il y développait sur les sociétés publicaines, et en particulier sur la compagnie de Bithynie, véritable trust de plusieurs sociétés, des vues justes et hardies, auxquelles les historiens de l'économie romaine n'ont pas assez prêté d'attention[1].

1. Pour les premières recherches sur ce sujet *cf*. p. 39-40.

Au printemps suivant, nous reprîmes le chemin de Minturnes, par la route si rarement parcourue qui, de Terracine à Formies, traverse les marais aurunques. Cette fois nous avons étudié avec soin les ruines de la ville antique et Laurent put en dresser un plan à grande échelle, qui fut envoyé à l'Institut au moment de notre départ de Rome. C'est à lui qu'est due la reconstitution d'un petit temple rond dont les pierres avaient croulé sur les pentes du Monte d'Argento, non loin d'un autel mithriaque, et de dédicaces à Silvain. Cette chapelle, d'un type rare, devait ajouter au paysage sauvage et beau une décoration étrange. Rappellerai-je ici, pour notre confusion, un souvenir qui attestera combien nous étions des archéologues novices? Le Monte d'Argento est un îlot rocheux que réunit à la rive une plaine d'alluvions bien drainée, plantée d'orangers et de grenadiers, qui fait songer au diminutif d'une huerta d'Espagne. En parcourant ce jardin, nous tombâmes en arrêt sur un monument singulier, une base de maçonnerie allongée comme une tombe et recouverte à l'une de ses extrémités par un dôme. La construction, de briques mal appareillées, aux joints épais, était de très basse époque. Il fallut pourtant la mesurer, la décrire sur nos carnets, et qui de nous exprima le premier l'opinion que peut-être nous venions de découvrir la tombe d'un de ces Sarrasins qui, selon la tradition, s'installèrent autrefois au Monte d'Argento? Puis nous découvrîmes une autre tombe sous les orangers, une autre encore, tout un cimetière. L'inquiétude nous gagna, puis la honte, quand nous surprîmes un paysan occupé à construire un de ces monuments énigmatiques : un four à figues. Cette aventure nous rendit prudents, et nous n'avons plus été dupes dans la suite — je l'espère, du moins — des tombes sarrasines. De Minturnes nous revînmes à Formies, d'où nous comptions explorer les villas antiques dont les ruines parfois surprenantes parsèment la côte, nous devions surtout consacrer notre étude aux ruines immenses de la villa de Séjan à Sperlonga, et nous aurions demandé aux paysans une hospitalité de plusieurs jours. Le matin même de notre départ, une dépêche informa Laurent d'un deuil qui le frappait de très près, il décida de rentrer aussitôt en France, et nous remîmes à plus tard notre exploration.

C'est pendant le printemps et l'été 1908 que Laurent a donné au *Salut Public* de Lyon quelques études italiennes qui furent à bon droit très goûtées. La première est une étude sur Pise qui nous révèle une des plus fortes impressions que Laurent avait éprouvées durant son premier voyage vers Rome *(Le Marbre,* 19 avril 1908) ; il s'était complu à étudier, dans la maçonnerie de la cathédrale pisane, les pierres romaines ou byzantines que les constructeurs avaient réemployées. « Ce fut la première leçon que me donna l'Italie : les jeunes édifices ne s'élèvent qu'en s'appropriant de vénérables débris... Au fond, ce sont toujours les mêmes pierres qui servent ». Le ton poétique, souvent tendre, et le symbolisme moral, toujours noble, de ces jolies esquisses, révèlent très exactement le caractère de mon ami. J'aime surtout les lettres qu'il a consacrées aux fêtes romaines, *l'Office des Ténèbres* (3 mai), *Béatification d'une Française* (26 mai), *la Pentecôte* (14 juin), *la Nuit de la Saint-Jean* (28 juin). Il y décrit avec un égal bonheur les différents aspects de la nef de Saint-Pierre, une inoubliable fête de nuit sur la terrasse du Pincio, les cortèges des foules romaines. J'ai passé avec lui cette nuit de la Saint-Jean qu'il a si bien racontée, nous avons eu la curiosité de goûter ensemble dans une *osteria* populaire un plat de ces *lumache*, à la sauce de haut goût, dont les Romains, par tradition, se régalent durant cette fête ; à vrai dire, ce plat ne valait rien, mais je me souviens en relisant l'article de Laurent que nous lui pardonnâmes en faveur d'un Frascati « d'une grande douceur et d'un suave agrément ». Puis nous nous sommes attardés longuement sur la place de Saint-Jean, en agitant selon le rite nos petites clochettes d'argile et en faisant emplette de lavande. Laurent a consacré un article très ému à Florence *(Trois Grâces,* 10 mai) : « Le cœur me bat quand mon train s'arrête à Florence », et il a retracé de Burano et de la lagune vénitienne un tableau mélancolique et spirituel (*La Cité des dentelles,* 7 juin) : « Et j'ai pensé à la colline bourdonnante, dans ma petite patrie, où s'élaborent les soies merveilleuses, et j'ai uni dans mon cœur les hautes maisons à métiers et les logis des dentellières... ».

Après les vacances d'été, nous avions formé le projet de revenir à Rome par Trieste, Salone et Ancône. Mais Laurent put seul le réaliser ; de ce voyage il avait rapporté de pénétrantes ob-

servations sur la vie politique de la côte dalmate et des notes sur
Spalato.

A l'automne de 1908 nous devions revenir une dernière fois
à Minturnes. Nous avions l'ambition d'englober dans notre étude
tout le pays des Aurunques, et nous voulûmes gagner Minturnes
par le sud, en parcourant à pied la route de Mondragone à Minturnes. Nous étions partis de Mondragone au petit jour, mais,
pour avoir considéré avec trop d'attention et même dessiné un
petit pont romain de la route côtière, nous fûmes arrêtés par les
douaniers et conduits au poste sous l'inculpation d'espionnage.
Cet accident nous coûta quelques heures et nous empêcha d'accorder aux ruines de Sinuessa l'étude attentive qu'elles méritent.
Laurent a raconté notre course dans une nouvelle intitulée « la
Nuit sur la Voie Appienne » qu'il a publiée dans *la Revue franco-
macédonienne* (n° 7, janv.-févr. 1917, pp. 36-41) : il y retrace les
impressions que Cicéron aurait éprouvées en suivant ce trajet à la
fin de l'année 44, et toutes les couleurs de ce tableau remarquable
sont empruntées à ses propres souvenirs. Mais, le soir où nous
sommes passés là, nous n'avons pas vu, comme Cicéron, l'Appienne « belle de simplicité, d'autorité, de majesté, traçant jusqu'à l'horizon, à travers la nuit, sur la plaine basse et marécageuse, sa ligne blanche, éclatante, impérieuse ». A un détour de
notre route, nous la vîmes soudain au contraire pareille à un canal rectiligne, envahi par l'eau et la boue ; un cavalier aux allures
de centaure la traversa sous nos yeux en nous éclaboussant, et

nous sommes restés un moment découragés. « Aucune lueur n'apparaissait dans la plaine... Parfois un étang aux bords imprécis s'illuminait brusquement sous la lune, avec un éclat métallique, puis s'éteignait ». Très tard nous approchâmes enfin du pont de Garigliano, et nous l'atteignîmes au prix de grands efforts à travers un immense bourbier. « La nuit était noire sur la mer, mais les montagnes s'ourlaient d'une vague lueur rose. Une brume blanchâtre qui traînait dans la plaine révélait le cours du Liris ». Je me souviens que M. Fedele m'écrivit, quelque temps après, qu'il avait été informé de notre *gita disastrosa*. Mais le beau récit de Laurent suffirait à attester que ce voyage sur les ruines de l'Appienne, à travers la plaine empoisonnée où soufflaient les buffles sauvages, nous remplit d'une admiration poignante.

Après avoir complété nos notes sur Minturnes, nous revînmes à Rome. C'est alors que Laurent a dû écrire l'étude intitulée *Marianum scutum cimbricum (Mélanges,* 1908, XXVIII, pp. 353-361), qui reconstitue avec une précision curieuse un détail de topographie romaine. C'est toujours vers la Rome de la fin de la République qu'il se tournait le plus volontiers.

Au printemps 1909, Laurent consentit à m'accompagner en Tunisie ; j'avais reconnu l'année précédente les ruines imposantes de Haïdra ; nous nous proposions de consacrer une quinzaine à l'étude de ces ruines, puis de parcourir le trajet de Haïdra à Feriana. La fouille que nous entreprîmes à Haïdra, dans les ruines assez ingrates d'une basilique chrétienne, fut peu instructive, malgré les prodiges d'ingéniosité que Laurent déploya. Le soir nous habitions, au bordj de la douane — l'unique maison européenne de Haïdra — la petite chambre réservée aux inspecteurs ; entre nos deux lits de camp nous plantions le grand rouleau qui contenait les estampages, et cet original lampadaire supportait l'inévitable photophore. Nous lisions tout haut à tour de rôle. Je me souviens que nous avions emporté un tome des *Mémoires d'outre-tombe* et je pourrais encore citer de mémoire telle phrase que nous répétions avec admiration : « Ma tombe creusée avec les montants d'une lyre au pied d'un chêne de l'Argonne... ». Et nous avions aussi un Marc-Aurèle : plus que les *Pensées*, une petite phrase d'une lettre à Fronton nous toucha : « Mon petit Antonin tousse moins ». Découragés par l'immensité même des ruines de Haïdra, nous avons organisé notre caravane ; nous emmenions, outre nos chevaux, trois mulets pour les bagages. Le soir nous montions notre tente et nous étions fiers de bien la réussir. On verrait peut-être encore, au parloir du Lycée de Lons-le-Saunier, une aquarelle que Laurent exécuta d'après une photographie de notre campement. Dans la région que nous avons traversée, en longeant la frontière tunisienne, la pierre écrite abonde « comme le mouton », mais les textes inédits ou intéressants sont rares. Il faut que, de nouveau, je donne la parole à Laurent : « Je me souviens d'une admirable matinée, sur les plateaux tunisiens. La terre rugueuse, semée de touffes d'alfa, fuit, uniforme et brune, jusqu'à l'horizon... Près de nos tentes, une petite vallée sèche abrite une étroite oasis de cactus et quelques oliviers... Le premier rayon de soleil teint de rose une large pierre plate écroulée parmi les arbustes : c'est la stèle funéraire d'un centurion qui, s'étant honorablement acquitté de ses fonctions militaires, a transformé si patiemment et si sûrement ce coin de terre africaine que la trace de sa charrue subsiste à côté de la pierre de sa tombe... » *(Revue franco-macédonienne,* n° 7, 1917, p. 4). Il était un compagnon de voyage toujours alerte et gai ; il goûtait la drôlerie des épisodes de notre course, qui nous faisaient connaître des types fort étranges, mais son ironie n'était jamais méchante, et l'amitié naissait autour de lui. A Feriana, nous avons renvoyé nos montures et nos hommes, et, parcourant l'admirable oasis, nous étions un peu humiliés d'en avoir terminé avec notre libre vie de cavaliers. Durant notre voyage de retour, Laurent me quitta à Trapani, et fit seul un voyage à travers la Sicile, qu'il ne connaissait pas encore. Nous avons publié ensemble nos *Recherches archéologiques à Ammaedara,* travail qui renferme 222 inscriptions inédites *(Mélanges,* XXXII, 1912, pp. 69-233).

Les membres de l'Ecole de Rome doivent remettre, à la fin de leur séjour, un mémoire sur un sujet librement choisi. Laurent avait promis un travail intitulé *Etudes sur l'industrie à la fin de la République.* L'Académie des Inscriptions, à laquelle les mémoires de Rome sont soumis, regrettait à l'avance que le travail s'annonçât un peu livresque, et souhaitait que Laurent, dont un rapporteur louait les « talents de dessinateur et d'artiste », se consacrât à un sujet archéologique. L'Institut avait raison, et c'est grand dommage, en effet, qu'il n'ait pas choisi un sujet qui lui permît d'utiliser tous ses dons. De son mémoire de Rome, Laurent a extrait, bien plus tard, un important chapitre qu'il a publié dans la *Revue du Lyonnais* (1921, juill.-sept., pp. 371-403), *la Politique économique de Rome en Asie-Mineure au 1er siècle avant notre ère*. Cette étude minutieuse et personnelle est très digne d'être placée à côté des travaux de Hatzfeld et de Rostovtsev, elle est trop peu utilisée par les savants qui étudient l'histoire économique de la République, parce qu'elle a paru dans une publication peu connue des philologues. La conclusion est frappante et laisse prévoir les préoccupations politiques qui devaient diriger Laurent. « Comme toujours, la faiblesse du gouvernement laissait s'établir et dominer la puissance financière, la seule qui survive partout à la ruine du pouvoir politique... César vit clairement le mal. Il voulut fonder l'Empire dans l'ordre. Le poignard des hommes d'affaires d'Asie tua l'homme, mais n'arrêta pas son grand dessein, et la civilisation latine fut sauvée par son sacrifice ». Ainsi, les travaux philologiques de Laurent l'ont conduit à cette conclusion, qui est l'apologie de César.

Aux écrits de Laurent, inspirés par l'Italie, il faut joindre enfin trois jolies études, formant triptyque, intitulées : *le Charme de Rome, Assise, Ravenne*, publiées dans le *Bulletin de l'Ecole Ozanam* (1910, 1911, 1912). J'emprunte à la première ces lignes évocatrices : « Le charme de Rome est fait de toutes ces émotions fugitives qui tissent des heures de rêve. La vie romaine n'impose que des devoirs aisés, chaque saison marque le retour d'aimables habitudes ; le printemps ranime l'*osteria* de la voie Nomentane, où il fait bon dîner le soir devant la paix souveraine de la campagne ; il couronne de feuillages, pour la joie de nos dimanches, les lacs d'Albano et de Némi ; l'été offre les sorbets de la place Colonna, l'hiver a les concerts au mausolée d'Auguste ». Car c'était le temps où le comte de San Martino organisait les premiers concerts du Corea, et nous ragions d'entendre les Italiens siffler *la Mer* de Debussy.

La promotion de Laurent comptait parmi ses membres De Pachtère, Colmant, Claude Cochin (hors cadre). Laurent eut aussi pour camarades les membres de la promotion précédente dont je faisais partie, avec Bourdon, Faure, Préchac, et ceux qui arrivèrent à Rome en 1908, Frère, Hautecœur, Châtelain, Robert Michel. Chacun avait sa marotte et faisait sa découverte, démasquait un saint apocryphe, découvrait un nuraghe carré, ou, faute de mieux, une tombe sarrasine, et tous formaient une société délicieuse. Souvent nous accompagnions Focillon, à la conversation étincelante, qui nous montrait à Sainte-Marie de l'Aventin la tombe de Piranèse, et, le soir, dans le tram qui nous ramenait de Tivoli, inventait de si jolis contes pour les dames, — ou **Pernot**, qui consentait à nous laisser parfois entrevoir les secrets diplomatiques du Vatican, qu'il tenait si jalousement cachés à ses lecteurs des *Débats* —, ou Gauckler, l'inquiétant sourcier, qui découvrait autour d'une fontaine du Janicule les vestiges de cultes d'enfer. Ou le comte Primoli, unissant à la gentillesse italienne les grandes manières d'une cour de France, nous invitait à sa villa d'Aricia, d'où le regard embrasse, d'Ostie à Ardée, toute *l'Enéide*. Ou Helbig, par une pure après-midi d'hiver, devant un cabaret du Janicule, nous interrogeait sur le schisme qui, à son avis, ne pouvait manquer de séparer bientôt l'Eglise de France du catholicisme romain. Et nous considérions avec plaisir le beau spectacle que nous offrait notre directeur (qui ne dirigeait rien), son travail ordonné, son esprit impitoyable, et cette diplomatie subtile qu'il déployait pour échapper aux foudres de celui qu'il appelait, si j'ai bonne mémoire, « le curé du Vatican ».

Les travaux que Laurent a publiés à Rome et depuis son retour ne donnent pas la mesure de son effort. Pour nous tous il était un animateur, il s'intéressait à nos recherches, et, si l'un de nous s'embourbait, il poussait à la roue. Son humeur bienveillante, sa curiosité ouverte, son extrême justesse, son travail méticuleux faisaient de lui le collaborateur que tous invoquaient. Je l'ai connu plus particulièrement et nos souvenirs étaient si étroitement mêlés que je suis sans doute, de ses camarades romains, celui que sa mort a le plus directement frappé. J'ai songé à nous deux et à notre séjour de Rome, quand j'ai lu ce graffite récemment déchiffré à Pompéï : *Hic fuimus cari duo nos sine fine sodales*. Mais ce n'est pas à moi seulement qu'il communiquait cette sorte d'allégresse qui était en lui et donnait le rythme de sa pensée.

André PIGANIOL.

LONS-LE-SAULNIER

Laurent-Vibert fut nommé professeur d'histoire au lycée
Rouget-de-Lisle, à la rentrée de Pâques 1910. Il nous quitta à la
fin de juillet 1911. Ces quatorze mois représentent, je crois, toute
sa carrière dans l'enseignement secondaire. Qu'il les ait passés
parmi nous, ce fut, pour ses élèves et pour certains de ses collègues, un avantage qu'ils ont presque tout de suite senti et dont
ils ont tous profité.

Quand il eut appris que, de tous les professeurs du lycée où
il venait d'être envoyé, j'étais le plus profondément enraciné
dans la petite ville, par ma famille et ma naissance, par mes treize
années d'études et mes vingt années d'enseignement de la Rhétorique, il demanda à l'ancien, par une déférence très rare chez
un débutant, presque exceptionnelle, de vouloir bien être son
conseiller et son guide. Et cela avec tant de simplicité et de na-

turel! Puis-je mieux louer, avec sa prudence et sa finesse, ses dons d'éducateur et le sentiment élevé qu'il avait de ses jeunes devoirs? Le nouveau maître ne voulait pas débuter dans la nuit, courir le risque de se mal orienter dans un milieu inconnu, s'exposer enfin à des mécomptes personnels, ou — ce qu'il tenait pour plus grave — à des erreurs dont ses élèves eussent porté le poids.

Car, ce qui s'affirma en lui dès l'abord, ce fut sa conscience professionnelle. Comme il arrivait à Lons au sortir de l'Ecole française de Rome et d'une campagne africaine de fouilles, on eût pu croire que le principal souci de sa pensée allait être l'enseignement supérieur, et que, considérant son passage dans un lycée et le contact avec notre jeunesse comme un temps d'attente et d'ennui, il se le rendrait moins long et moins pénible en rédigeant des Mémoires d'archéologie et d'art et en se préparant au doctorat. Je ne sais si, pendant son séjour à Lons, il s'occupa à de tels travaux. Mais, ce que je sais bien, c'est qu'il saisit avec amour sa nouvelle tâche. Il comprit immédiatement qu'il n'y a pas de matière plus précieuse que ces âmes de jeunes gens, qui sont naturellement droites et confiantes, et qui se donnent à qui les mérite en les aimant. Le soin qu'on nous remet de ces âmes entraîne pour nous les plus graves devoirs : le professeur-né les sent dès l'abord : Laurent-Vibert eut ce don. Le poète de *Sagesse* a dit :

La vie humble aux travaux ennuyeux et faciles
Est une œuvre de choix qui veut beaucoup d'amour.

Laurent-Vibert, avec sa haute intelligence, sa sensibilité d'artiste, son érudition, aurait pu considérer comme une vie humble, aux travaux ennuyeux et trop faciles, la vie de celui qui enseigne de jeunes garçons : il ne se sentit pas supérieur à sa tâche, il se voulut égal à elle, et, y voyant l'œuvre de choix, il lui donna tout son amour.

Il voulut, sitôt arrivé, faire bien son métier. Bien que sa piété filiale l'appelât à Lyon au moins une fois par semaine, il ne laissait pas ici, en partant, ses nobles soucis d'éducateur : même absent, sa pensée allait à ses élèves ; toujours en quête du mieux, il cherchait la meilleure manière de s'acquitter envers notre jeunesse.

Aussi, quelles leçons ! Nos jeunes gens l'avaient vu arriver à Pâques, le teint encore tout hâlé de sa campagne archéologique en Afrique du Nord. La noblesse de son attitude, sa belle tête gauloise aux yeux rieurs, la douceur de ses gestes, sa cravate blanche peut-être, tout cela conquit immédiatement ces jeunes esprits naturellement portés à la critique, et qui ont si vite jugé le *nouveau*, camarade ou professeur. J'avais alors chez moi, comme pensionnaires, deux de mes rhétoriciens : un cher neveu et un petit Parisien, qu'une amitié commune m'avait fait confier. Par eux, je sus tout de suite l'impression de la classe, et je pus suivre l'action de Laurent-Vibert sur ses élèves. Je savais quel intérêt ils prenaient à ses cours, et comme ils étaient suspendus à ses lèvres. Il traitait d'ailleurs ses élèves en amis, comme j'ai toujours cru qu'il fallait faire avec nos grands garçons ; il mettait en eux la confiance que peut, que doit y mettre le professeur respecté, et il exprimait devant eux, sans timidité, des jugements dont l'indépendance, tout en les surprenant, les charmait. Il faisait aimer l'histoire et la géographie de ceux mêmes qui, jusque-là, y étaient réfractaires. Ce qui, avant Laurent-Vibert, n'était, pour certains d'entre eux, qu'une étude fastidieuse, un mal qu'il fallait subir pour être bachelier, cela devenait, par lui, une matière émouvante, à laquelle on avait hâte de retourner. Ses leçons n'étaient pas de ces cours mornes, tristes, qui laissent, entre le maître et les disciples, une zone glacée : c'étaient de ces causeries vivantes, chaudes, où l'élève se sent porté vers le maître, et entre avec lui en intimité d'esprit et de cœur. Ce que Laurent-Vibert avait vu, il le faisait voir, transportant subitement sous le ciel de Rome ou de la vieille Afrique romaine, ces jeunes imaginations toujours si avides de se dépayser ; ou évoquant rêveusement Florence, pour avoir vu subitement, par les fenêtres de sa classe, passer sur un bel azur clair un vol d'hirondelles. Dans la géographie, il insistait surtout sur la partie économique, montrant les graves problèmes, gros de prochains conflits : il préparait cette jeunesse à de redoutables jours où il lui faudrait sans doute aller, pour la patrie, jusqu'au bout de son devoir ; et il lui donnerait l'exemple.

On devine aisément quelle action un tel homme pouvait avoir sur ses élèves ; il obtenait d'eux tout ce qu'il voulait. De belles séances d'art étaient leur récompense. Laurent-Vibert

avait une admirable collection de photographies et d'estampes ;
il les présentait, école par école, maître par maître, Daumier
comme Corot, Watteau comme Raphaël ; et son commentaire
était une précieuse initiation, dont nos petits impatients attendaient passionnément le retour.

Mais l'enseignement de la classe, clos entre quatre murs,
clos dans ses programmes, ne réalisait pas dans sa plénitude le
don qu'il voulait faire de lui-même. Non seulement il dirigeait
et contrôlait les lectures faites à l'étude ; mais, dès la rentrée d'octobre 1910, il organisa, pour tous nos grands, réunis à partir de
la Troisième, des conférences de synthèse, destinées à ouvrir
leurs esprits et éveiller leur réflexion. Des projections qu'il faisait passer lui-même en étaient le commentaire et l'illustration.
Un certain nombre de ses collègues furent heureux de se faire
ses collaborateurs. Il voulut que je finisse la série en parlant de la
Grèce antique : je viens de relire le début de ma causerie, où, devant ces vibrants auditeurs, je loue de toute mon amitié l'heureuse idée de leur jeune maître ; j'entends encore leurs applau-
dissements, marque de leur vive affection.

La sympathie : comme elle allait à lui, elle rayonnait de lui.
Pendant son séjour à Lons, il prit deux initiatives inspirées par
elle, et il y intéressa plusieurs de ses collègues. Lieutenant de
réserve, il souffrait de voir officiers et professeurs vivre, un peu
partout, en état de défiance et de défense, alors que les uns et les

autres, chacun sur sa route, n'avaient qu'un but : le service du pays. On sentait que celui qui devait, quatre ans plus tard, remplir si bien son rôle de chef militaire, voulait mettre ces bons serviteurs isolés et farouches en état de se bien comprendre, lorsqu'il leur faudrait être ensemble compagnons de lutte pour la France. Il ne souffrait guère moins de voir des journaux d'opinions diverses s'accorder pour diriger contre l'Enseignement secondaire de très vives critiques dont l'objet était le personnel, les programmes et les méthodes. Il voulut tenter de dissiper, par une double campagne, ce qu'il considérait surtout comme un malentendu. Pour la première, une Revue spéciale se fit son actif auxiliaire. Quant à l'autre, elle trouva le meilleur accueil parmi les Amicales de professeurs et dans la presse de Paris *(Débats, Evénement, Démocratie, Lanterne, Gil Blas, Petite République)*, de Lyon *(Salut Public, Progrès, Lyon Républicain, Nouvelliste)* et de nombreux chefs-lieux. Laurent-Vibert et plusieurs de ses collègues de Lons y firent insérer, sous le nom collectif de « Un groupe de professeurs de l'Enseignement secondaire », une série d'articles où ils exposaient le rôle de cet enseignement. Dans le premier article, anonyme comme les suivants, Laurent-Vibert avait fort bien défini ce rôle : « Comme l'enfant ne peut, à dix ou douze ans, connaître ses véritables aptitudes, il faut, par une culture générale de l'esprit, le mettre en état de choisir, au sortir du lycée ou du collège, une carrière à sa taille, et, dans cette vue, assouplir son esprit de telle manière qu'il puisse, quelle que soit la carrière choisie, même très pratique, acquérir en un minimum de temps les connaissances nécessaires à son état ». Et, les yeux ouverts sur l'avenir — tout proche — de nos grands lycéens, Laurent-Vibert voulait que, devenus électeurs, ils pussent « comprendre que le chemin de fer de Bagdad, par exemple, intéresse la politique française, voter en sachant le sens de ces deux réalités : *capital* et *travail* ».

Tel fut, au lycée Rouget-de-Lisle, le rôle admirable de Laurent-Vibert. Sa dernière leçon à ses élèves, son adieu à la maison et aux maîtres, ce fut son discours de distribution de prix en 1911. Il le prononça le 29 juillet, sur *le Goût du Passé*. Dans ce discours, Laurent-Vibert, protestant contre l'erreur de ceux qui ne voient dans le passé qu'un songe évanoui, et proclament qu'il ne faut pas vivre avec les morts, Laurent-Vibert montrait qu'au contraire l'étude du passé, plus que toute autre, contribue à orienter notre action, à lui donner de la force et de la dignité. Pages sobres, mais si pleines de choses, sur l'histoire de la France, sur nos grands écrivains; fleur superbe lentement épanouie chez un Pascal, un Vigny, un Lamartine; sur la noblesse du plus humble travail; sur le devoir envers la France, « vivante, ailée, immortelle ».

Et ce discours n'était pas le discours passe-partout dont la banalité peut figurer aussi bien au palmarès d'Angoulême ou de Mont-de-Marsan qu'à celui de Lons-le-Saunier. Non! Il avait été conçu à Lons, écrit devant les horizons lédoniens. J'y retrouve tout le paysage sur lequel se sont ouverts mes regards d'enfant, et où j'ai voulu passer ma vie. Laurent-Vibert aimait Lons-le-Saunier ; il disait à nos élèves, dans son discours de prix, ce mot qui m'avait charmé : «... dans votre, dans *notre* chère petite ville ». Et il continuait par ces mots : « Que d'enseignements si vous ouvrez bien les yeux!... Un détail révèle la Renaissance ; cette grille est du XVIIIe siècle ».

« Cette grille », c'était la magnifique grille de notre Hôtel-Dieu. Par elle, son attention d'artiste avait été appelée sur nos belles ferronneries du XVIIIe siècle. Pour nous Lédoniens, trop habitués à leur spectacle, nous ne savions pas les voir, faute de les regarder : il nous les fit regarder. Pour une revue d'histoire locale, *le Vieux Lons*, que je dirigeais alors avec M. l'abbé Maurice Perrod, et à laquelle de bons juges avaient bien voulu donner leur estime, il m'apporta un jour une belle étude d'art, intitulée *la ferronnerie du XVIIIe siècle à Lons*. Illustrée de dessins à la plume et de photographies par un collègue, M. Coquillard, elle est un frémissant hommage d'admiration et de respect aux anciens maîtres serruriers de notre petite ville. Avec quelques pages pleines d'esprit intitulées *les malheurs d'une honnête famille* (1730-1770), avec *le Goût du Passé* — son discours de prix, qu'il avait bien voulu m'autoriser à reproduire — l'année 1911 du *Vieux Lons* est, grâce à lui, la plus précieuse de notre publication, qui s'éteignit, comme tant d'autres choses, le 1er août 1914.

J'échangeai ensuite quelques lettres avec lui, pendant la

Guerre, puis quand il reprit la publication de la *Revue du Lyon-nais ;* mais je ne le revis plus.

Telle fut la courte période de sa vie que Laurent-Vibert passa à Lons. Si j'essaie de résumer d'un mot son rôle parmi nous, au lycée et à la ville, je l'appellerai un animateur. Une vie intense émanait de lui ; il éveillait les plus endormis, les plus indifférents ; il leur donnait cette chose précieuse : le goût de vivre pour de nobles tâches.

Il est mort ; mais tout ce passé lédonien de sa vie n'est pas mort avec lui. Je le vois encore, je l'entends toujours, quand, sortant du lycée avec moi, il me reconduisait jusqu'à ma maison, et que nous parlions de Rome, où j'avais fait, six années auparavant, un petit séjour. Tels de nos collègues, en retraite ou encore au service, gardent aussi pieusement que moi — je le sais — son souvenir. Et si tous ses élèves du lycée, sur lesquels il avait tant d'action, étaient appelés en témoignage (combien, hélas ! il en faudrait ressusciter d'entre les morts de la Guerre !) quel magnifique accord de cette émouvante jeunesse, que de fleurs versées à pleines mains sur sa tombe !

Emile MONOT.

LA GUERRE

En mon souvenir, je revois toujours mon cousin Laurent-Vibert accueillir l'aspirant imberbe que j'étais, aux tranchées de première ligne de Foucaucourt, dans la Somme, et m'ouvrir les portes du Temple de la Guerre. Le Dieu des Combats, à la vérité, n'avait pas farouche figure, par ce clair matin de mars de l'an 1915 ; ce coin de l'immense champ de bataille était calme, et d'un confort imprévu ; le sous-lieutenant Laurent-Vibert faisait preuve des mêmes qualités d'activité, d'initiative et d'ingéniosité que Laurent-Vibert l'érudit, le savant et l'homme d'affaires.

Certes, le secteur qui m'était révélé était bien fait pour bouleverser toutes les notions d'un apprenti combattant, frais débarqué des formations de l'arrière : les organisations défensives avaient été établies d'une façon impeccable : réseaux de fils de fer tendus devant les tranchées, banquettes de tir, créneaux, bat-

teries de mitrailleuses. Sous la conduite de son chef, le capitain
Barret, et de son second, la 8e compagnie du 22e Régiment d'in
fanterie avait fait de l'utile besogne. Mais ce qui portait la sur
prise du nouveau venu à un haut degré d'émerveillement — j
puis dire d'ébahissement — c'était le spectacle des installation
de fortune des hommes, des gradés et des officiers de la compa
gnie. Le poste de commandement était une pièce entièremen
boisée, au plancher recouvert d'un linoléum, meublé d'une cou
chette, d'une table et de fauteuils, ornée de gravures, d'assiette:
peintes et d'une glace, vestiges d'une quiète existence provincial(
abolie maintenant, sauvés des obus allemands qui avaient écras(
le village de Foucaucourt. Mais avec une belle insouciance di
danger, Laurent-Vibert avait négligé de faire blinder contre le:
obus, même ceux du plus faible calibre, ce petit palais où, serei-
nement, il lisait César, et s'amusait à ébaucher une étude sur le:
méthodes comparées de la Guerre des Gaules et la guerre moderne de tranchées.

Dans ce décor, il montrait une belle figure de chef : sur l(
visage familier que rendait si mâle la longue moustache gauloise,
je retrouvais la même humeur charmante qui faisait de lui un être
de séduction, le même pétillement du regard, voilé cependant
un peu par une mélancolie, courageusement contenue, mais profonde : un deuil cruel l'avait frappé, la mort de sa mère adoptive
tendrement chérie, qui s'était éteinte quelques mois auparavant,
loin de celui à qui elle avait voué sa vie.

En ce premier contact avec la guerre, que mon guide affectueux me rendit si simple et aisé, ce qui m'émut vraiment d'une
façon profonde, ce fut de constater la place que tout naturellement il avait conquise dans l'esprit et le cœur de ses subordonnés : il avait une bonté fraternelle pour les petits, les simples, et
se penchait sans effort vers eux, ou les élevait à lui, on ne savait ;
il s'intéressait aux moindres détails de leur vie, aux nouvelles
qu'ils recevaient de leur famille, avait un souci constant de leur
santé morale, autant que de leur bien-être physique, et possédait
le don, le don merveilleux, de répandre autour de lui le fluide
bienfaisant de l'optimisme et de la confiance.

Ecoutez avec quels fiers accents il parle de ses hommes :

«... Je plaisante, mais il me semble que c'est pour nous un
devoir d'être gais; et puis ma vie de campagne me raccommode
avec l'humanité. Comme il y a de braves gens en France ! et
quand je me sens enclin à la tristesse, je vais « tailler une bavette »
avec l'un ou avec l'autre, et je me trouve si lâche devant la bonne
humeur de certains, que je fais violence à mes sentiments » (Lettre du 19 janvier 1915 à Mme M. V.).

«... Me voilà donc seul officier et commandant la compagnie,
chargé de défendre 450 mètres de front. Tu ne saurais croire ce
qu'est une compagnie de campagne. C'est une véritable unité. On
est absolument indépendant, à tous points de vue. Mes 230 poilus forment un clan. Je crois qu'ils m'aiment bien, en tous cas
je sais bien qu'ils n'iront pas se faire casser la figure sans moi, et

réciproquement. Je les tutoie tous ; quant aux gradés, je ne tutoie que ceux avec qui je suis vraiment allé au feu. En somme, si nous ne menions pas cette bête de vie au fond de nos trous, et si les Boches n'avaient pas de mitrailleuses (la seule arme que nous redoutions vraiment), j'aimerais cette existence de commandement » (Lettre du 10 mars 1915 à M. M. V.).

Il savait donc être à la fois un chef et un ami, presque un parent ; ce n'était pas par l'effet magique d'un galon sur la manche qu'il obtenait une discipline, souriante mais parfaitement ferme, c'était par l'affection inspirée et le prestige qu'exerce toujours un chef brave.

Il possédait à un haut degré le courage simple et gai qui, pour le plus grand honneur de notre race, a été baptisé « courage à la française » ; et, en ce printemps 1915, il était encore auréolé d'un exploit accompli peu de mois auparavant, devant ce bois Etoilé, dont je voyais la lisière en face de nos lignes, en arrière de la première tranchée ennemie. Ruineuse opération de détail, comme il en fut malheureusement entrepris de trop nombreuses pendant les deux premières années de guerre, au cours desquelles coula, sans nul profit d'intérêt national, beaucoup de noble sang français et furent gaspillés des trésors d'héroïsme. Mais par ce baptême sanglant fut scellée l'alliance infrangible des soldats et du chef brave et bon, unis par une affection et une admiration profondes et réciproques.

Dans une lettre écrite au mois de janvier 1915 à un de ses

intimes, lettre admirable de simplicité et de vie, que je ne résiste pas au désir de citer presque intégralement, Laurent-Vibert a retracé ces jours de bataille :

« Mon cher Ami...

« ... Depuis mon arrivée au front, ma vie militaire s'est divisée en trois périodes : 1° du 10 au 17 octobre, ma compagnie a occupé des tranchées construites en hâte et qui venaient d'être établies au nord du petit village de Foucaucourt (entre Amiens et Péronne). Nous avions trois bombardements par jour, fusillade intermittente toute la nuit, la vraie vie de campagne.

« 2° Du 17 au 26 octobre, ma compagnie a pris part à une attaque d'un bois formidablement retranché par les Allemands. Cette semaine fut la seule période vraiment dangereuse que j'ai vécue. Le 17 à midi, nous avons reçu l'ordre de marche. La compagnie était alors commandée par le lieutenant de réserve Robert Schulz (cousin de Marcel Schulz). A 2 heures, je reçois l'ordre de me déployer avec deux sections dans un champ de betteraves et d'avancer dans la direction du bois. Au bout de 5 minutes, un feu d'artillerie ennemie nous a repérés, et les obus éclatent à un mètre du sol, en avant, au-dessus et en arrière de mes hommes. Des morts, des blessés, des cris, des plaintes. Je me jette dans un chemin creux et je rallie ce qui restait de mon monde ; le talus nous garantissait à peu près de la pluie ininterrompue de schrapnells ; cette pluie a duré 1 h. 1/2. J'organise mon terrain. La nuit vient et je me trouve seul avec mes 40 hommes en avant de toute ligne française, sans soutien et pouvant être enveloppé de toutes parts. Je fais former le carré, baïonnette au canon, et dans une nuit profonde nous restons immobiles, retenant notre souffle, jusqu'à minuit. Des patrouilles allemandes sont passées au loin, ont tiré des coups de feu sans résultats. A minuit Schulz amène des renforts, on fait une ligne de tranchées ; je me colle dans un trou et je dors.

« Le 18 l'aube vient, puis le jour. Devant nous, une plaine unie comme un billard ; à 800 mètres, le bois ennemi. Impossible de bouger sans être vu. A 9 heures, je reçois l'ordre : « Suivez les mouvements du 99ᵉ » qui était à ma droite. Le 99ᵉ ne bouge pas : je ne bouge pas. A 10 heures, je reçois l'ordre : « Avancez », je réponds : « C'est impossible, pas un abri ». — Réponse : « C'est un ordre formel » —. Mes hommes sont peu enthousiastes. Je sors avec deux ou trois hommes, les autres suivent, nous faisons 50 mètres ; et voilà la pluie d'obus qui recommence ; mes hommes collent le nez contre terre, moi aussi. Pluie d'obus d'une heure. Des blessés, des cris. Enfin le feu se calme. Je m'établis où je suis avec un sergent ; et nous mangeons une boîte de sardines ; une goutte de rhum. Le combat se déplace vers la droite. Le calme vient jusqu'au soir. Au soir, je rends compte. Je vais me refourrer dans mon trou. A minuit je reçois l'ordre : « Demain, vous attaquerez à l'aube coûte que coûte ». Diable ! — mouvement de découragement ; puis une idée. Toute la nuit, je fais creuser des tranchées en avant, et je les occuperai à l'aube.

« Le 19, je les occupe, les Allemands paraissent plus calmes. Je fais des bonds successifs, des séries de tranchées, et avec peu de pertes (deux tués), j'arrive à établir ma première ligne à 210 mètres du bois.

« Le 20, avant l'aube, je reçois l'ordre d'attaquer à fond. Je pars avec 40 hommes, dans le plus grand silence et dans l'obscurité : une escouade en avant, puis moi, puis trois escouades. Les Allemands nous laissent avancer jusqu'à leurs fils de fer, je commence à faire déployer mes hommes. Et tout à coup une rafale de coups de feu, mes hommes tombent comme des mouches. Je hurle : « Ne foutez pas le camp, creusez des trous, hardi petits ! ». Et moi-même, m'aplatis. J'arrête un blessé qui s'en allait, et lui emprunte sa pelle, et me voilà sur le ventre, le nez collé au sol, creusant à tour de bras, et criant à mon monde : « Remuez les mains, creusez, creusez », — « Mon lieutenant, mon lieutenant, je suis blessé. — Qu'est-ce que tu veux mon petit, prends patience ». Le jour se lève, je hasarde un œil au-dessus de ma motte de terre. Je vois à 20 mètres les tranchées allemandes, et sur ma gauche, d'autres tranchées boches à ma hauteur. J'étais avec un sergent — une fois un trou creusé sous le ventre, on y met la tête, puis on recreuse sous le ventre. — Je crie : « Les poilus qui sont avec moi, comptez-vous ». J'entends des voix surgir des champs de betteraves où nous nous terrions : « 1, 2, 3, 4, 5, 6, 7, 8, 9 », avec un sergent et moi nous étions 11 — le reste tué ou blessé. Le jour se lève tout à fait. Dès que le bout d'un képi dépassait la terre, un coup de fusil claquait. Nous travaillions comme des furieux ; après six heures de travail, nous avions un trou à nous tenir accroupis. Derrière nous, nos camarades tiraient par-dessus nos têtes pour empêcher les Allemands de sortir, et voilà notre 75 qui se met à tirer sur les tranchées devant nous. Pourvu qu'ils ne raccourcissent pas leur tir. J'entends une voix derrière moi, à 3 mètres. C'était un de mes braves caporaux (sergent depuis), un aventurier très gai, qui faisait son trou. De 10 heures à midi, nous nous relions par un boyau de 30 centimètres de profondeur. On pouvait communiquer en rampant à plat ventre.

« A midi, faim générale. Le sergent a une boîte de sardines, le caporal a une boîte de viande de conserve et des noix, moi ma gourde de rhum. De plus nous avons un quart d'eau. Nous sommes sauvés. Repas somptueux à plat ventre, avec une balle sifflant sur la tête à chaque instant. On cause, on s'ennuie. A 2 heures, sur notre gauche, une escouade de la 5e Compagnie, dans la même situation que nous, se rend aux Boches. Enfin la nuit vient, je rampe de trou en trou, puis au galop dans les champs, je vais chercher des ordres. Schulz vient me rejoindre, on s'embrasse à pleine bouche, on m'a cru mort toute la journée. Puis je fais reculer mes hommes vraiment trop près des Boches et nous nous établissons dans une tranchée à 50 mètres des lignes ennemies.

« Ma pauvre section ! les cadavres sont encore au même endroit. Sur une escouade, il est rentré *trois hommes* (dont un blessé), le reste mort.

« Les 21, 22, 23, séjour dans ma tranchée à 50 mètres des Boches. On joue à la manille, on tiraille. Mon ordonnance reçoit une balle dans la tête ; une journée passée près de ce malheureux qui agonise vaguement, quelques blessés, quelques morts.

« Le 24, à 4 heures, à la nuit tombante, je vois arriver un homme : « Mon lieutenant, le lieutenant Schulz est blessé, il vous demande ». Je cours vers lui, dans une tranchée à 200 mètres derrière la mienne. Il a le bras fracassé, et souffre horriblement ; il me remet l'argent et les papiers de la Compagnie et s'en va comme il peut. Je prends sa place ; à 5 heures, bombardement avec de grosses marmites. Je me blottis au fond de la tranchée, sous terre. On entend les coups de départ des obus, puis un sifflement et un éclatement énorme à côté de nous ; au 7e ou 8e, je sens la tranchée qui tremble et une vive douleur au côté et au genou : « J'en ai ». Je remue la jambe, tout va bien. Un homme geint à côté de moi, je l'envoie se faire panser. Enfin, la nuit ; nous allons être relevés, je puis marcher, c'est parfait, ah ! oui, un projecteur allemand balaie la plaine. Si l'on bouge, une fusillade nourrie. Enfin, à 3 heures du matin, je puis partir avec ma compagnie réduite à 90 hommes, et à 4 heures, j'arrive à un petit pays : Herléville. J'installe ma Compagnie et sur les conseils du chef, je vais à l'ambulance, où on m'enlève mon petit éclat d'obus et on me panse mon genou. Ça ne sera rien. A l'aube, je fais l'appel :

1 lieutenant, 4 sergents, 5 ou 6 caporaux et 70 hommes manquent. Je reconstitue ma compagnie, on se lave et tout est oublié. Reste enfin la troisième période, mais je réserve cela pour une prochaine lettre » (Lettre du 25 janvier 1915, à M. A. P.).

Pour sa magnifique attitude « au combat du bois Etoilé » Laurent-Vibert reçut la Croix de Guerre avec palme, une des premières distribuées, alors parcimonieusement, accompagnée de la citation suivante :

Citation à l'armée du 18 novembre 1914 : « Le 23 octobre, à l'attaque d'un bois, a pris, sous le feu, le commandement de sa compagnie dont le chef venait d'être blessé. Blessé lui-même à deux reprises, a conservé le commandement pendant toute la nuit, sans être pansé, et n'a voulu recevoir des soins qu'après que sa compagnie a été relevée» *(Journal Officiel* du 11 décembre 1914).

Au mois d'avril 1915, notre régiment quitta la région de Foucaucourt et remonta au nord de la Somme : ce fut le secteur de Maricourt, sur la route d'Albert à Péronne, frais oasis dans notre vie guerrière.

Laurent-Vibert avait alors été promu au grade de lieutenant et reçu le commandement de la 6ᵉ Compagnie, qui, en première ligne, occupait l'extrême pointe du saillant de Maricourt — les lisières nord et est d'un petit bois formant bastion.

Au cœur de ce bosquet était tapi le Poste de commandement de la compagnie que Laurent-Vibert organisa avec l'esprit d'initiative et de fantaisie qui lui étaient habituels ; voici comment il nous peint ce coin délicieux :

«... Je t'écris d'une salle d'ombrage, creusée suffisamment pour nous abriter des balles qui claquent sans répit, mais assez peu pour nous permettre d'avoir l'ombre d'un berceau de noisetiers artistement courbés, et le spectacle du sous-bois où s'égosillent les oiseaux.

« Les bombardements quotidiens que nous subissons ont toujours épargné ce champêtre asile. Espérons qu'il en sera de même jusqu'à la fin de la guerre...

«... Les lignes ennemies, parallèles et innombrables, s'étendent en avant de nous, dans un calme et large paysage. De nos tranchées perdues dans les trèfles en fleurs, l'on découvre dix villages où le soleil n'anime aucune cour de ferme, et de longues routes blanches, immobiles et droites. Cette guerre se fait dans le vide ; d'ailleurs, dès qu'une tête, en se hissant hors du parapet, a la prétention d'égayer la nature, une balle la fait vite rentrer sous terre.

« J'ai eu cependant de la chance : ma compagnie, depuis que j'en ai pris le commandement, n'a eu qu'une dizaine de blessés, et pas un tué. Ce doit, d'ailleurs, être la seule du régiment.

« Et les journées s'écoulent, en attendant la victoire. Ah! mon cher vieux, que l'Italie m'a fait plaisir ; je suis resté un peu Romain, et la larme m'est venue à l'œil quand j'ai lu le beau télégramme de d'Annunzio : « On chante la *Marseillaise* auprès de « la colonne Trajane... Hier nous avions deux patries, aujourd'hui « nous n'en avons qu'une seule qui va de la Flandre jusqu'à la mer « de Sicile ». C'est chic, quand même de se battre pour une grande idée » (Lettre du 27 mai 1915 à M. M. V.).

Mais il ne dit pas, dans cette lettre, quel rendez-vous charmant était cette salle d'ombrage par les chaudes journées d'été ; tous les camarades venus des secteurs voisins y trouvaient toujours large et cordial accueil, cigares et liqueurs généreusement offerts, et mieux encore, vives conversations et gais propos. Et parfois le visiteur, cheminant par les boyaux, rencontrait le seigneur de ces lieux, errant à travers bois, insoucieux des balles perdues incessantes, un fusil de chasse à l'épaule, par pure contenance sans doute, et bien plus attentif à admirer la nature qu'à faire des victimes parmi la gent ailée.

« ... Mon bois souvent mouillé de pluie est délicieux de fraîcheur et de chants d'oiseaux ; l'herbe folle et les ronces ont tout envahi ; mes tranchées sont couronnées de grandes fleurs, et les trèfles rouges font une frise mouvante aux boyaux de communication. Les troncs d'arbres brisés par les obus et renversés se couvrent de mousse et sont escaladés par les fraisiers sauvages. C'est un cadre pour songer à ceux que l'on aime le plus... » (Lettre du 30 juillet 1915 à Mme M. V.).

Puis ces champêtres flâneries ne furent plus possibles ; une monstrueuse végétation de fils de fer barbelés se mit à croître, et à ramper d'arbre en arbre, et à enserrer de ses réseaux tout le petit bois charmant.

En août 1915, le tableau de notre existence au front perd ses clairs coloris ; notre régiment fut transporté en Champagne, dans la morne région de Souain et de Somme-Suippe. La guerre se fit âpre et dure pour notre régiment, trop gâté depuis quelques mois. Un long et épuisant effort fut demandé à nos hommes pour préparer la grande attaque projetée : ils furent les metteurs en scène et les machinistes du grand drame qu'ils devaient jouer eux-mêmes, lorsque le chef suprême frapperait les trois coups. Des milliers de tonnes de craie furent arrachées des flancs de la lande inféconde par nos soldats qui, pour se reposer de ces labeurs, montaient en ligne dans un secteur redoutable que Laurent-Vibert nous montre en un raccourci saisissant :

« Quant à ma tranchée d'où je t'écris, suppose un chaos : un bois hâché, pas un arbre vivant, tous de petits pieux coupés, saccagés, jaunis, entortillés de fil de fer, écrasés par les gabions, giflés par les éclats, effondrés dans les entonnoirs : la mort. Et tout le temps des obus, des bombes... » (Lettre du 10 septembre 1915 à M. M. V.).

Une troupe soumise à une telle épreuve avait besoin tout particulièrement, pour être maintenue à un degré moral satisfaisant, d'un chef qui sût allier la fermeté à la sollicitude affectueuse ; Laurent-Vibert fut ce chef soucieux de réconforter et d'encourager les hommes dont il avait la charge, et d'adoucir leur pénible existence dans la mesure de ses moyens.

Son calme souriant ne l'abandonnait pas, et il accueillait les événements avec une sérénité narquoise : Je me souviens que, pendant une période de tranchées, j'allais, un jour, le voir du secteur voisin, celui bien dénommé de « la Marmite des Sorcières », qu'occupait ma compagnie ; je fus en cours de route quelque peu bousculé par un « tuyau de poêle » allemand que j'avais eu l'étourderie de regarder éclater de trop près sans m'abriter assez ; et j'arrivais vers lui, encore impressionné par la commotion subie : je le trouvai la figure toute empaquetée de pansements ; un obus de 210 éclatant à la porte de son « trou de taupe » l'avait criblé de petits éclats, en même temps qu'il avait blessé plus sérieusement son ordonnance et deux agents de liaison; c'est pourtant avec sa gaîté coutumière qu'il me reçut, et lui, le blessé, eut tôt fait de me réconforter ; nous fîmes des émotions de cette journée un sujet de plaisanterie.

Il reçut, à la suite de cet épisode, la citation suivante, à l'ordre du régiment, le 15 septembre 1915 :

« Légèrement blessé, est resté à son poste ».

Puis ce furent les grandes journées de l'attaque de septembre 1915. Quels espoirs nous fondions sur elle, quelle foi dans la percée des lignes ennemies et dans la marche foudroyante sur Vouziers ! Mais Laurent-Vibert, au cœur ardent et optimiste, était le chef de file de nos enthousiasmes. Il suivait d'un œil pas-

sionné les préparatifs formidables et minutieux de cette offensive : « J'assiste, écrit-il le 10 septembre, à un spectacle d'un prodigieux intérêt : une concentration de forces extraordinaires, in-
fanterie, artillerie, génie, toutes les armes, tous les calibres ; les
autos, les cavaliers, les convois grouillent en tous sens ; et tout
cela dans un pays infiniment triste, désolé, où il n'y a pas de maisons, pas d'eau, et où il a fallu tout créer, tout apporter par des
multitudes de trains Decauville, à quelques kilomètres et tout
près des lignes allemandes, sous un bombardement continuel...

«... Qu'est-ce qui attend mon régiment, qu'est-ce qui m'attend ? Dieu le sait. En tous cas, j'ai une confiance profonde dans
la victoire et dans mon étoile » (Lettre du 10 septembre 1915).

Je me souviens avec quelle fervente attention il écoutait,
parmi nous tous, officiers et soldats mêlés, la veille du jour fati-
dique, les graves et nobles paroles de l'abbé Thellier de Ponche-
ville, notre aumônier, dont la soutane se découpait, noire, longue
et mince, sur l'horizon illuminé par l'éclair continu des batteries
en action, et dont la voix résonnait étrangement claire, accompagnée du roulement sourd de la canonnade.

Le 25 septembre, les régiments partirent à l'assaut... Au soir,
notre bataillon s'avança au delà de ceux qui avaient fourni le premier choc et enlevé les premières lignes ; nous avons campé sur
le sol conquis, et dormi en formation de combat, la baïonnette
au canon, et le lendemain la progression reprit. Moment bref et
éclatant ! La trouée semblait faite ; et Laurent-Vibert avait l'hon-

neur, ainsi qu'il l'écrit, de marcher avec sa compagnie en tête du corps d'armée et « d'aller de l'avant dans un terrain d'où les Boches avaient fui ». Il a « senti le souffle de la victoire ». L'impression d'implacable résolution du chef tendu vers son but, qui animait son visage, au moment où il franchissait, droit vers le Nord, la route de Souain à Tahure, demeurera pour moi un inoubliable souvenir.

Quelques kilomètres seulement plus loin, hélas! à la cote 152, devaient se briser nos espoirs et se décimer nos troupes.

Sur une deuxième ligne de tranchées fortement organisée, où ils avaient en hâte jeté quelques réserves, les Allemands bien embusqués, et armés de nombreuses mitrailleuses, arrêtèrent net notre avance. La 6e Compagnie vint se heurter à un épais réseau intact et fut accablée «sous le feu croisé de quatre à cinq mitrailleuses, créant à 50 centimètres au-dessus de terre une zone mortelle ». Digne de son commandant, elle se comporta admirablement, mais l'impossible mit son veto. En chef qui alliait à la plus grande bravoure personnelle le sens des réalités et le juste souci d'être économe du sang des hommes, Laurent-Vibert, après avoir vu, en peu d'instants, tomber autour de lui plusieurs de ses soldats, la moitié de ses cadres, deux de ses officiers, le sous-lieutenant Robert tué, et le sous-lieutenant Campargue blessé, dut, le cœur navré, se rendre compte de l'inutilité de prolonger un combat inégal. Le capitaine Thibaut qui commandait alors le bataillon donna l'ordre d'arrêter le combat et d'organiser le terrain conquis.

Pour avoir voulu poursuivre une entreprise sans issue, le régiment voisin, dans la clairière bordant le bosquet occupé par notre bataillon, la clairière des Almées (ô ironie des plans directeurs), perdit plus d'un millier d'hommes, presque tous des soldats de vingt ans, étendus en longues files bleues sur la lande.

Laurent-Vibert revint de cette bataille l'âme ulcérée ; la chute était trop profonde de la cime radieuse de nos espoirs accrus par le foudroyant succès initial au résultat final, appréciable pourtant à le considérer de sang-froid, mais qui apparaissait bien plat à nos yeux regardant trop loin. Cependant, il conserva un visage serein, et une parfaite maîtrise de soi, et veilla mieux que jamais, avec une inquiète sollicitude, sur la troupe que la France lui avait confiée.

Après un répit de quelques jours, notre régiment remonta en ligne pour soutenir une dernière tentative de percée de la deuxième position allemande ; cette journée du 6 octobre plus décevante que les précédentes, dernier sursaut d'une offensive qui s'achevait avant la nouvelle stabilisation du front, et la reprise de la désespérante guerre de tranchée fut encore une dure épreuve pour le soldat à l'âme vibrante. Notre régiment y joua un rôle obscur et ingrat, au milieu des gaz lacrymogènes dont nous protégeaient mal les premiers masques rudimentaires, et parmi les tirs de barrages que nous subissions l'arme au pied ; ce fut pour Laurent-Vibert le dernier épisode de sa vie de combattant sur le front français. Il était, peu après, évacué sur Troyes, à la suite d'une entorse compliquée d'hydarthrose, et hospitalisé à la clinique des sœurs Ursulines où il savoura, après cette période de tumulte effroyable « avec un bonheur infini, les joies du silence et de la solitude ».

Il a décrit ses sensations avec un charme pénétrant en un article qu'il fit paraître dans la *Revue Franco-Macédonienne*, créée par lui, quelques mois plus tard « le Silence de Troyes » :

« Un bruit léger de voix monte des arbres, des voix dont le timbre est celui de femmes, et dont la gaîté et le pépiement semblent d'un préau de pensionnaires. Le long des allées bordées de buis du petit jardin janséniste, sous des catalpas d'automne, les Ursulines de la clinique se récréent avant de remonter aux salles. De ma fenêtre, je vois leurs guimpes blanches et leurs voiles qui vont et viennent, si paisiblement, derrière la haie de troènes, devant le saint doré dans sa niche en rocaille. Les pas ouatés, discrets, froissent à peine le gravier. Tout s'accorde : le grand ciel bas où de vagues nuages gris tamisent le soleil d'octobre, les humbles toits qui ferment le court horizon, le merveilleux silence de cette demeure où, derrière ma porte, dans les couloirs sombres, luisant de propreté minutieuse, je reconnais le passage de la petite voiture à pansements, le bruit des lourdes robes, l'activité sans hâte des intérieurs bien tenus. Parmi les souvenirs d'enfance qui me remontent du cœur pendant ces après-midi oisives, je retrouve une ineffable impression de jadis, les jours de convalescence, où je restais paresseusement au lit, à goûter, dans un demi-sommeil, le charme de la maison recueillie, animée par la tendre présence des chères mains que je ne tiendrai plus jamais dans les miennes. Il me faut toute la paix de ce couvent pour ne pas succomber sous le poids des souvenirs. Mais ici, l'âme s'enveloppe d'ouate, comme une plaie.

« Le silence, surtout, le bon silence, après ces journées d'offensive qui ne furent qu'un effroyable ouragan. Brusquement je revois la nuit du 24 au 25 septembre qui marqua l'apogée de l'orage. Ma compagnie, à la tête du bataillon, part dans la nuit pour se masser dans un large et profond boyau d'accès, ses premiers éléments au fond d'une de ces ondulations crayeuses de Champagne, parallèles au front, qu'employèrent les lignes successives d'artillerie. Après un long cheminement, coupé de heurts, d'arrêts, martelé par le canon, dont les départs se multipliaient à mesure que nous avancions, nous voici en plein tonnerre, les hommes s'abritant sous les abris en rondins, construits tous les quinze mètres, s'affalant dans l'obscurité humide et froide, et tout de suite s'endormant, malgré le bruit. Nous étions en un point connu, la « maison forestière » à laquelle, durant la période de préparation, j'étais souvent venu : centre d'approvisionnement et poste de commandement de mon colonel, coin très animé malgré les rafales périodiques d'obus, sillonné d'automobiles, de camions, de batteries en quête de leur position, de travailleurs de toutes armes, forum de cette ville formidable, campée en plein bois.

« Je l'ai revue cette nuit-là : un désert pâle, glacé ; la lune invisible colorait d'une teinte verdâtre une vaste nuée grise qui traînait à la cime des arbres : la vallée se devinait indistincte, blanchâtre, le cimetière dans le creux dressait ses croix si noires. Et, partout, autour de moi, toutes les batteries invisibles crachant leur tonnerre. Cent éclairs à la fois, et le passage en rafales des obus en nappes formant un accompagnement continu au martèlement douloureux du canon qui ébranle la terre, brise les oreilles, et frappe à coups sourds la cervelle sans pensée. Aucune trace humaine dans ce vacarme qui vous roule comme le ferait une vague de tempête. La maison forestière se dresse dans la vague lumière, immobile comme un cadavre. Mais quel est sur son toit cet effondrement que je n'avais pas vu ? et cette étrange odeur répandue : l'éther, le chloroforme ? Les yeux piquent et la gorge devient douloureuse. Ce bas-fond est encore imprégné des gaz qu'a dégagé là-haut l'obus qui effondra le toit. Odeur sinistre d'hôpital, parfum de douleur et de mort. Mais je crois voir une forme vivante. J'approche. Les yeux sous les lunettes rondes, masquée d'un large bandeau blanc qui semble le pansement d'une affreuse blessure, une sentinelle monte la garde, les deux mains croisées sur sa baïonnette. Dans quel cercle de l'enfer sommes-nous ?

« Mais la pensée se ressaisit, et une joie fait battre le cœur. Cette puissance formidable, irrésistible, va là-bas faire la trouée pour les camarades, qui, contractés, vont bondir au grand jour ;

et ce tonnerre, on le voudrait plus irrésistible encore, on tremble qu'il ne s'épuise, on s'exalte s'il redouble. A 9 heures du matin, ce fut une rafale de fer d'une violence inouïe. Un bruit se répand : l'heure de l'attaque, transmise par le sans-fil, est 9 heures 15 ! Enfin, sous l'ouragan que baigne maintenant une pluie fine d'automne, c'est pour nous aussi l'heure de nous porter en avant.

« Oh! le bon silence, le merveilleux silence de Troyes!».

Demeuré à mon régiment, je ne pourrai suivre Laurent-Vibert plus avant, du moins voudrais-je avoir tracé un portrait vivant et fidèle du combattant irréprochable qu'il fut, du chef et du camarade dont tous ceux qui ont servi à ses côtés et sous ses ordres, ont gardé un souvenir ému et ineffaçable, et personnellement du charmant et affectueux frère d'armes que j'ai eu le privilège de posséder en cette année de guerre 1915.

Jean COMTE.

L'ORIENT

L'Orient, pendant ses dix dernières années, a tenu une grande place dans la vie et dans la pensée de Laurent-Vibert. Mais, dès l'Ecole Normale, ses préoccupations s'étaient dirigées de ce côté. Non seulement l'étude de l'antiquité romaine l'avait amené à s'intéresser de façon spéciale à l'histoire des pays riverains de la Méditerranée, mais, pour la préparation de son premier mémoire, *César a-t-il voulu se faire roi ?* il avait dû analyser l'influence exercée par l'Egypte sur les vues du dictateur, et son mémoire de seconde année sur le proconsulat de Cicéron en Cilicie était consacré à éclaircir les rapports des hommes d'affaires romains, financiers et commerçants, avec une province orientale de l'Empire. D'autre part, durant son séjour à l'Ecole de Rome, un voyage en Tunisie lui avait fait entrevoir l'Orient africain. Toutefois, c'est la guerre qui devait lui fournir la possibilité d'une étude directe et prolongée des réalités orientales. En janvier 1916, il était affecté à l'armée d'Orient et partait pour Salonique où il restait jusqu'en octobre 1918. Ce séjour était pour lui l'occasion d'aborder toute une série de problèmes auxquels, jusqu'à la fin, il reviendra avec prédilection pour les approfondir et les considérer avec plus d'ampleur. Des publications successives marquent, relativement aux questions d'Orient, les étapes de sa pensée.

C'est sous l'uniforme de lieutenant que Laurent-Vibert a vécu trois années à Salonique. Son activité n'y a cependant eu aucun caractère militaire. Attaché provisoirement, peu de temps après son arrivée, au service du ravitaillement civil, il y est bientôt affecté de façon définitive en qualité d'adjoint au sous-intendant, plus tard intendant Bonnier, chef de ce service, emploi qu'il a conservé jusqu'à son retour en France. Néanmoins, on se ferait une idée fort incomplète de l'œuvre de Laurent-Vibert en Macédoine en se le représentant tout entier absorbé par ses occupations officielles. En effet, il ne s'est pas contenté de donner au service dont il avait la charge, par la création du Bureau commercial, une extension considérable ; par diverses initiatives indépendantes, il a été l'agent le plus zélé de la propagande intellectuelle française à Salonique. Son activité y a donc eu un double caractère, à la fois intellectuel et économique.

Le service du ravitaillement civil était chargé d'approvisionner la population dans le territoire occupé par l'armée d'Orient. En conséquence, il devait assurer d'abord l'arrivage à Salonique du contingent nécessaire de denrées, ensuite sa juste répartition entre les diverses localités ; complètement distinct du ravitaillement des troupes, il faisait partie de ces services administratifs que rend nécessaires l'occupation prolongée d'une région, et il mettait ses agents en rapports directs et constants plus encore avec les habitants du pays qu'avec les autres services de l'armée. Il offrait donc à un esprit avide de comprendre ce coin des Balkans des occasions exceptionnelles de se renseigner. En outre, l'intendant à qui était confiée la direction du ravitaillement civil avait déjà passé plusieurs années en Orient ; il avait été un des meilleurs artisans de la réorganisation de l'armée grecque au moment des guerres balkaniques et connaissait admirablement, aussi bien les ressources matérielles que la mentalité du pays ; nul guide ne pouvait être plus sûr pour initier Laurent-Vibert à la pratique du milieu salonicien. De son côté, son chef ne tarda pas à reconnaître les éminentes qualités, l'intelligence, la conscience, l'initiative de Laurent-Vibert. Il s'établit entre eux une amitié et une confiance mutuelles grâce auxquelles Laurent-Vibert jouit d'une liberté complète pour réaliser les projets dont la connaissance progressive de la situation lui révélait l'intérêt.

Le fonctionnement du service proprement dit du ravitaillement était surtout affaire administrative et, en lui-même, il ne présentait pas grand attrait, mais il donnait la possibilité de suivre de près toute la vie économique de la Macédoine occupée, et même, d'une façon plus générale, du royaume de Grèce. Professionnellement orienté vers l'étude de ces questions, Laurent-Vibert met à profit toutes les commodités de l'observatoire où il se trouve placé, et il essaie de se faire une idée d'ensemble non seulement de la situation créée par la guerre, mais de l'état de choses normal d'avant guerre. Or, ce qui le frappe surtout, c'est la disproportion entre l'importance du rôle financier joué par la France en Grèce et la place très restreinte qu'y tient son commerce. Situation évidemment nuisible aux intérêts français. Est-il possible d'y remédier ? Laurent-Vibert estime que oui, et, prévoyant déjà les rudes compétitions de l'après-guerre, sentant la nécessité de s'y préparer sans retard, il crée, dans le cadre du ravitaillement civil, un organisme destiné à faciliter les échanges commerciaux entre la France et la Macédoine. La première condition pour faire des affaires est de se connaître ; cet organisme, institué sous le nom de Bureau commercial, aura donc deux fonctions essentielles : faire connaître en Macédoine les produits français, faire connaître en France les produits macédoniens.

Voici comment un article du *Temps*[1] décrivait, dès la première année de son existence, l'organisation du Bureau commercial : « Son mécanisme, très simple, comprend trois organes essentiels : 1) Un bureau de correspondance qui centralise les demandes locales et les offres françaises et achemine les unes et les autres vers leurs destinataires naturels ; 2) Un bureau d'échan-

---

1. Reproduit dans la *Revue Franco-Macédonienne*, nᵒ 5, p. 94-100 (par E. Thomas). *Cf.* aussi *Bulletin commercial de Macédoine*, nᵒ 21.

tillons et de catalogues, où sont déjà représentées près d'un millier de maisons françaises, et que fréquente très régulièrement le commerce salonicien ; 3) Un service de renseignements commerciaux, où un jeu de fiches déjà copieux permet de donner aux maisons françaises des informations solides sur leurs clients macédoniens. 4) Enfin, un bulletin mensuel donne de substantielles études sur les grandes questions économiques intéressant nos échanges avec la péninsule balkanique ».

La création du Bureau commercial fut très favorablement accueillie aussi bien par les commerçants français que par les Saloniciens. Aux uns et aux autres son caractère officiel inspirait confiance ; en même temps, la façon pratique dont il était dirigé était de nature à contenter les hommes d'affaires les plus exigeants. Ici, ni lenteurs bureaucratiques ni formalités administratives. Laurent-Vibert a imprimé à toute l'organisation l'empreinte de son intelligence concrète, habituée à aller droit aux faits intéressants sans s'embarrasser des circonstances accessoires. Lorsqu'on entre dans la grande salle où est installé le Bureau commercial, ce qu'on aperçoit au premier coup d'œil, ce sont les rayonnages en bois où sont disposés les échantillons les plus divers ; chapeaux, conserves, liqueurs, étoffes, etc., etc., voisinent là, classés par catégories ; à côté, une ample collection de catalogues et de prix courants. Le négociant de Salonique qui veut se procurer n'importe quel article n'a donc qu'à venir au Bureau commercial. Il peut se renseigner en quelques minutes sur les maisons françaises en mesure de lui fournir l'article désiré, sur leurs prix et conditions de livraison ; en beaucoup de cas, l'échantillon exposé permet d'apprécier immédiatement la qualité de la fabrication et l'aspect de la marchandise. Laurent-Vibert fait naturellement porter son effort sur les denrées que le commerce salonicien a l'habitude de se procurer ailleurs qu'en France ; pour ces produits il veille avec un soin particulier à multiplier échantillons, offres, catalogues. En même temps il tâche de remédier, dans la mesure du possible, aux difficultés créées par la pénurie des transports en faisant profiter les commandes commerciales des courriers militaires ; tous articles transportables par la poste peuvent être adressés au Bureau commercial où, après acquittement des droits perçus par la douane grecque, le destinataire en prend livraison. Ajoutez à cela les facilités offertes par le bureau de correspondance, qui met directement en relations, sur simple demande et sans qu'ils aient à se déranger, vendeurs français et acheteurs saloniciens, par le service de renseignements qui donne toute sécurité aux fournisseurs français redoutant de s'engager sur un marché peu connu. Mais ajoutez-y surtout le zèle avec lequel Laurent-Vibert préside à toute cette organisation : les affaires de la France sont ses affaires, et il apporte à en accroître l'importance la même ardeur que s'il s'agissait de sa propre maison. Aussi, son effort ne tarde-t-il pas à être couronné de succès ; six mois après la création du Bureau commercial, soixante-treize pour cent des commandes saloniciennes sont passées en France.

Aujourd'hui, nous pouvons nous faire une idée de l'activité de Laurent-Vibert, de son étendue et de sa variété, en parcourant le *Bulletin commercial de Macédoine*. Cette publication a régulièrement paru, tous les mois ou tous les deux mois, en fascicules de 16 pages, depuis septembre 1916 jusque dans la première moitié de 1919, et elle a été en grande partie rédigée par Laurent-Vibert. Elle était destinée non pas aux Saloniciens mais aux Français qu'elle avait pour but d'intéresser à la Macédoine en leur faisant connaître à la fois les débouchés que leur offrait le pays et ses ressources de toutes sortes. C'est une véritable encyclopédie de l'économie macédonienne ; toutes les questions essentielles relatives au commerce, à l'industrie, à l'organisation bancaire, à l'agriculture, y sont exposées avec la précision et la clarté habituelles de Laurent-Vibert ; les questions touchant le marché serbe y sont aussi accessoirement examinées. En dehors des études spéciales, des renseignements statistiques, des informations de détail, le *Bulletin* renferme quelques articles d'ensemble dans lesquels Laurent-Vibert a développé ses idées sur la meilleure façon d'améliorer la situation commerciale de la France en Orient. « Tout deviendra aisé, dit-il, résumant ses réflexions sur ce point, si l'on met à la disposition de l'industriel et du commerçant français l'escompte et le crédit qui lui permettront de ne pas immobiliser et risquer un capital hors de proportions avec l'importance de l'entreprise, et l'instrument indispensable de toute propagande économique : le bateau régulier, à frêts exactement calculés, lui facilitant l'établissement de ses prix *cif* destination et assurant l'écoulement normal de sa production ». Ainsi l'avenir du commerce français en Orient est lié à deux conditions : développement de la marine marchande française et organisation bancaire facilitant l'accord de longs crédits aux maisons d'exportation, organisation qui serait le mieux réalisée par la création d'une banque commerciale pour l'Orient. Ces idées, devenues familières à Laurent-Vibert, lui ont été tout d'abord suggérées par l'étude approfondie du trafic salonicien.

A cet aspect de l'activité de Laurent-Vibert se rattachent les brefs séjours qu'il fit à Athènes, en 1917 et en 1918, après la restauration du gouvernement vénizéliste dans la Vieille Grèce. En octobre 1917, il y vint en un rapide voyage de liaison qui lui permit pourtant de visiter, outre Athènes, Eleusis et Marathon. Quelque temps après, Vénizélos demanda à la mission française de réorganiser le ministère hellénique du ravitaillement. Ce travail fut confié à Laurent-Vibert, heureux de faire plus complètement connaissance avec Athènes. Ce fut une dizaine de journées singulièrement occupées. En cette courte durée, il étudia à fond le mécanisme du ministère et il établit un plan de réorganisation remarquable par son caractère pratique et par l'utilisation de toutes les ressources tant du local que du personnel[1]. A la fin de son séjour, invité par Vénizélos à l'accompagner dans une visite à l'ex-

---

1. *Cf.* plus bas, p. 167, le jugement porté sur son rapport par M. Robert de Billy, alors ministre de France à Athènes.

ploitation du lac Copaïs, il en profita pour causer longuement avec le grand homme d'Etat. Cet entretien avec Vénizélos dans le train qui les ramenait, le soir, de Béotie, fut, je crois, l'épisode de ses voyages dans la Vieille Grèce qui lui laissa l'impression la plus profonde.

L'œuvre intellectuelle de Laurent-Vibert à Salonique n'égale pas en importance son œuvre économique. Cette dernière était, dans sa vie, le travail quotidien auquel il s'attelait de toute son énergie ; la première représente plutôt un divertissement. Elle lui a été suggérée par le spectacle si curieux, si imprévu, qu'offrait Salonique durant l'occupation alliée. Seuls le foisonnement des uniformes et, de temps à autre, le vol des avions ennemis salués par le crépitement des batteries y rappelaient l'état de guerre. En fait, les officiers et les soldats à demeure à Salonique avaient pour la plupart des occupations fort pacifiques. Leur esprit n'étant plus hanté par le spectre de la bataille imminente, ils examinaient avec curiosité le pays, cherchaient à comprendre ses mœurs, ses monuments, s'étonnant de le trouver tantôt si pénétré de culture française tantôt si étranger aux conceptions occidentales. De leur côté, les Saloniciens observaient attentivement tous ces Européens qu'ils accueillaient avec la réserve de l'Oriental, mais aussi avec l'amabilité respectueuse due à des clients avantageux et bien armés. Laurent-Vibert pensa qu'il était de l'intérêt national d'aider Saloniciens et Français à se mieux connaître, de guider leur curiosité mutuelle pour qu'elle ne se laissât pas égarer par les premières impressions souvent fâcheuses, mais qu'elle se formât du caractère des uns et des autres une idée complète et exacte. Montrer aux Français que la Macédoine n'est pas un repaire de mercantis sans scrupules, mais un pays de vieille civilisation, attaché déjà à la France par bien des liens, leur faire comprendre comment s'est produit, en ce coin bouleversé du monde, un des mélanges de races les plus disparates, leur faire sentir la beauté pittoresque de la contrée et le sens profond de ses coutumes, leur expliquer ses ressources naturelles et le champ qu'elles ouvrent aux énergies françaises ; montrer, d'autre part, aux Saloniciens que l'armée française n'est pas une soldatesque, mais une image réduite de la nation, qu'elle compte des savants, des historiens, des artistes, des littérateurs, que tous éprouvent pour la Macédoine un intérêt sympathique, et que c'est pour Salonique un privilège — singulière conséquence d'une expédition militaire — de donner une hospitalité prolongée à quelques représentants des formes les plus hautes de l'activité française : telle fut la pensée qui inspira la création de la *Revue franco-macédonienne* et les initiatives d'ordre intellectuel et artistique de Laurent-Vibert.

Le premier numéro de la *Revue franco-macédonienne* est daté du 1er avril 1916, et il s'ouvre par un magnifique article de Laurent-Vibert, *l'âme du combattant,* évocation saisissante de ses souvenirs de tranchée, de bataille et d'hôpital sur le front occidental. La revue a continué à paraître régulièrement jusqu'à la fin de 1917. Entièrement rédigée, ainsi que l'annonce la mention imprimée au-dessous du titre, par les officiers, sous-officiers et soldats de l'armée d'Orient, elle contient des articles de toutes sortes, souvenirs de guerre, impressions pittoresques, études médicales, sociales, économiques, archéologiques, voire des vers et des nouvelles. C'était pour Laurent-Vibert une joie d'amener ses camarades à mettre en forme leurs idées, leurs observations, leurs rêveries, et d'en assurer la mise au jour. Lui-même a relativement peu écrit dans la *Revue franco-macédonienne*, et il est remarquable que la plupart des articles qu'il lui a donnés n'ont pas de rapport avec la Macédoine. Deux d'entre eux sont inspirés par ses souvenirs de l'Ecole de Rome[1], un autre est un pastiche de Anatole France[2]; je ne relève comme franchement macédonien que *Salonique et l'art français*[3], étude destinée à servir d'introduction au catalogue de l'exposition sur laquelle nous allons revenir. C'est qu'en réalité, durant cette période, l'activité personnelle de Laurent-Vibert est presque entièrement absorbée par les questions économiques et que les résultats de son travail trouvent plus naturellement leur place dans le *Bulletin commercial*. A la *Revue franco-macédonienne* il est avant tout un animateur. Très variée comme matière, sérieuse sans affectation, d'une constante tenue littéraire, la *Revue franco-macédonienne* nous a conservé le

---

1. *La nuit sur la voie Appienne*, dans le n° 7; *le charme de Rome*, dans le n° 9.

2. *M. Bergeret à Salonique*, dans le n° 8.

3. **Dans le n° 3.** Voir aussi l'article (non signé) imprimé en tête du n° 7: *la France en Macédoine.*

souvenir des loisirs studieux de l'armée d'Orient ; elle était bien de nature à donner aux Saloniciens comme aux militaires alliés la plus haute idée d'une nation dont les citoyens gardaient sous l'uniforme tant de préoccupations littéraires et de curiosité intellectuelle.

A la fin de 1917, Laurent-Vibert sentit que l'intérêt pour la *Revue franco-macédonienne* se refroidissait. Les principaux sujets appropriés au cadre d'un article de revue avaient été abordés ; le cercle des collaborateurs était limité et ne se renouvelait guère. Il lui substitua une publication, intitulée *Cahiers d'Orient*, dans laquelle il se proposait d'imprimer des mémoires étendus dont chacun fournirait la matière d'une livraison. Le premier fascicule, paru en juillet 1918, renferme un intéressant travail sur les coutumes chrétiennes de Macédoine. D'autres fascicules furent publiés, mais l'heure n'était plus à la littérature, l'armée d'Orient était sortie de sa longue expectative, l'entreprise ne tarda pas à être interrompue à la fois par les événements et par le retour en France de Laurent-Vibert.

Pour compléter ce tableau de l'activité littéraire de Laurent-Vibert, je dois mentionner encore sa collaboration au *Clairon*, journal français qui parut hebdomadairement à Salonique de mai à août 1916. Il lui a donné plusieurs petits articles, parmi lesquels je relève surtout *les roses*, délicat hommage à la fleur qu'il aima par-dessus toutes.

C'est par cette série de publications que s'est principalement traduite l'ardeur de Laurent-Vibert à faire rayonner autour de lui la culture française. Mais la culture française n'est pas seulement œuvre littéraire, travail de l'intelligence, elle est aussi œuvre artistique et travail de la sensibilité. On ne peut donc s'étonner qu'il se soit activement occupé de l'organisation du *Salon* ouvert en mai 1916 dans les locaux du Lycée français. Cette manifestation, issue de la même idée que la *Revue franco-macédonienne,* avait pour but, en faisant connaître au public salonicien les œuvres des peintres mobilisés à l'armée d'Orient, de lui montrer ce qu'était l'art français et avec quel intérêt les artistes de notre pays s'attachaient à fixer les divers aspects de la Macédoine. Dans l'introduction qu'il a écrite pour le catalogue de l'exposition, Laurent-Vibert a lui-même brossé un véritable tableau de Salonique, dans lequel, avec un soin minutieux, il s'est plu à noter les nuances des lumières, les oppositions et les accords des teintes aux heures successives de la journée. Puis, c'est la ville dont il dresse devant nos yeux les deux motifs essentiels, le minaret et le cyprès ; enfin, la population, foule bigarrée d'indigènes et de militaires de tous pays qui se presse dans les rues. On peut apprécier par cette description de Salonique, de même que par les notices relatives aux divers exposants, la nature du sens artistique de Laurent-Vibert : ce qui en fait la supériorité, c'est qu'il associe la précision dans la perception des détails et des nuances à la vision nette de l'ensemble et au sentiment profond du sujet. Lisez, par exemple, la conclusion des trois belles pages sur le minaret et le cyprès : « Cet élan du minaret vers le ciel, le cyprès l'accompagne, sans le troubler ; la différence de valeur dans les tons de l'un et de l'autre interdit toute monotonie dans ces deux mouvements parallèles vers le ciel ; l'œil se repose des formes géométriques de l'un sur les contours souples et variés de l'autre : le blanc aérien et le vert profond s'opposent en se faisant valoir. L'un participe du ciel dont il reçoit les teintes, l'autre conserve ses couleurs propres, que lui a fournies la sève de la terre ; et il y a comme un symbolisme panthéiste dans ce pur élan de la prière humaine et dans celui de l'arbre noir qui s'associent dans leur montée légère comme la matière vivante et l'esprit ! ».

Mais exposition et publications ne pouvaient être que des manifestations temporaires de la culture française. Voulant que l'armée d'Orient laissât de son passage une trace durable dans l'ordre intellectuel, Laurent-Vibert pensa à créer une bibliothèque où seraient réunis tous les ouvrages relatifs à la Macédoine. Une subvention importante fut votée par la municipalité de Salonique pour la réalisation de ce projet, et lorsqu'il partit, la Bibliothèque macédonienne contenait déjà un nombre considérable de volumes.

Essayons de résumer l'œuvre de ces trois années. L'œuvre extérieure, Bureau commercial, *Bulletin commercial de Macédoine*, *Revue franco-macédonienne*, est considérable ; pourtant elle ne révèle peut-être qu'imparfaitement la fécondité du travail qui s'est fait en Laurent-Vibert. A Salonique, il a pris longuement, lente-

ment, contact avec l'Orient ; grâce à ce séjour que, sans la guerre,
il n'aurait jamais eu l'occasion de faire, il a pu se rendre compte
de bien des réalités qui lui auraient échappé au cours d'un voyage
rapide ; il a donc acquis la meilleure des préparations aux randonnées plus lointaines qu'il fera dans la suite et dont il n'aurait
pu profiter au même point s'il ne s'était, à Salonique, initié dans
le détail aux choses d'Orient. C'est surtout le problème économique qu'il a étudié ; outre que son activité antérieure l'y préparait directement, son service au ravitaillement civil et la bonne
marche du Bureau commercial exigeaient une étude attentive de
ces questions, et Laurent-Vibert était trop consciencieux pour ne
pas mettre au-dessus de tout le scrupuleux accomplissement de
ses fonctions. Durant cette période, c'est donc le point de vue
économique qui, dans les préoccupations orientales de Laurent-
Vibert, reste au premier rang, mais il ne s'y cantonne pas exclusivement ; nous avons vu avec quelle acuité il sentait le pittoresque de Salonique : les quelques pages dans lesquelles il l'a décrite, les quelques lignes qui, ici ou là, évoquent des aspects du
paysage macédonien, ne donnent qu'une faible idée du trésor de
visions qu'il a accumulé et de l'enrichissement de sensibilité qu'il
doit à l'expédition d'Orient. Enfin, le point de vue proprement
politique ne lui est pas resté indifférent. Il a été vivement frappé
par la profondeur, par l'étendue de l'influence intellectuelle française, vivement frappé aussi de la tâche civilisatrice accomplie,
pendant la courte durée de l'occupation, par les troupes de notre

pays, et, par delà les siècles, évoquant ses souvenirs de Tunisie pour associer dans une même admiration les soldats de la France et ceux de Rome, il a médité sur le destin particulier qui nous attend en Orient. « Il est impossible, remarque-t-il, de ne pas reconnaître à la France un rôle de choix dans cet Orient dont, toujours, elle associa le prestige à ses gloires. Quand la France, sur sa route historique, passa par les sommets, son regard se tourna vers l'Orient : Louis IX le Saint combattit le Grand Turc avec qui s'allia François Ier l'humaniste. Louis XIV fit entrer les ambassadeurs orientaux dans les fastes de la Monarchie, et le Général Bonaparte rapporta des mers orientales la renommée qui fonda l'Empire. Il ne faut pas croire que le positivisme de notre époque soit étranger aux suggestions de ce magnifique passé. Il y a, dans toute âme française, un attrait atavique pour le Levant ». A ma connaissance, il n'est pas, durant cette période, revenu sur le sujet, mais, dans ce passage d'un court article de la *Revue franco-macédonienne*, nous voyons s'esquisser les idées qu'il développera plus tard sur la politique orientale imposée à la France par sa tradition.

A l'automne de 1918, Laurent-Vibert revient en France ; en mai 1919 il rentre définitivement à Lyon. Désormais il ne quittera plus la France que pour des voyages que les nécessités de ses affaires ne lui permettront pas de prolonger. Mais l'Orient conservera toujours une grande place dans ses préoccupations, place d'autant plus grande qu'il élargira le champ de ses investigations. J'insisterai cependant moins sur cette dernière période de sa vie que sur le séjour à Salonique, parce qu'il a lui-même donné, dans des publications spéciales, le récit de ses voyages et l'exposé de ses idées. Je me contenterai de situer dans l'évolution de sa pensée les deux volumes et la brochure qui jalonnent les années 1922, 1923, 1924 : *Routiers, Pèlerins et Corsaires ; l'Orient en mai 1923; Ce que j'ai vu en Orient.*

A son retour en France, Laurent-Vibert dut naturellement faire face avant tout aux exigences de sa maison de commerce et en adapter le fonctionnement aux conditions nouvelles. Pendant un certain temps les études désintéressées passèrent donc à l'arrière-plan. Toutefois, même à ce moment, il ne perd pas l'Orient de vue. En décembre 1919 un court voyage au Maroc lui fait connaître une des formes les plus raffinées de l'art de l'Islam. Surtout il vagabonde à travers les livres. En 1920, lors de la vente partielle de la bibliothèque des Jésuites, il acquiert un grand nombre de récits de voyages dans le Levant, fonds très important qu'il ne cesse de compléter ; il aime voir réunis dans sa bibliothèque les beaux exemplaires illustrés des relations du xviie et du xviiie siècle ; il se délecte à suivre dans leurs pérégrinations les voyageurs du temps passé. Le témoignage de l'ardeur avec laquelle il compulse les vieux livres, nous le trouvons tout d'abord dans l'illustration de la *Revue d'Extrême-Orient*, organe d'une grande entreprise commerciale dirigée par un de ses amis ; afin de donner à cette publication un caractère artistique, il recherchait dans les éditions anciennes des gravures qu'il faisait reproduire en pleines pages, en bandeaux, en lettres, en culs-de-lampes. La *Revue d'Extrême-Orient* contient ainsi une abondante collection de documents des XVIIe et XVIIIe siècles, documents où revit, horrifique et charmant, l'Orient de cette époque[1].

Mais c'est surtout le volume *Routiers, Pèlerins et Corsaires* qui représente le résultat de cette période de lecture et de documentation. Ce livre est le divertissement d'un homme qui voudrait bien revoir cet Orient où il a autrefois vécu, mais qui, ne le pouvant pas, se console en retraçant les voyages d'autrui. Les voyages que l'on fait de son bureau ont cette supériorité sur les voyages réels que l'on peut en quelques instants passer d'un pays à un autre et parcourir sans difficulté de grands espaces. Les cinq récits qui composent ce volume nous amènent dans les diverses parties de l'Orient méditerranéen : avec *Augier-Ghislain de Busbec*, ambassadeur de l'Empereur auprès du Grand Turc, c'est dans la Constantinople du XVIe siècle que nous nous rendons ; dans *les Français au siège de Candie*, nous suivons jusqu'en Crète la petite troupe de gentilshommes accourus à l'aide des Vénitiens; *le riche esclave* nous promène de La Ciotat à Alexandrette et de Rhodes à Alger ; avec *Guys, négociant et académicien de Marseille*, c'est la Grèce, l'Archipel, Smyrne, Constantinople, que nous vi-

---

1. Il s'est amusé plus tard, dans *l'Aga malgré lui,* comédie en un acte qu'il fit jouer à Lourmarin en 1923, à en évoquer l'image sur le théâtre.

sitons ; enfin, dans *le Provençal solitaire au Mont-Liban*, nous accompagnons en Syrie M. de Chasteuil, pieux et savant Aixois qui, au XVIIe siècle, se fit ermite au Liban et mourut en odeur de sainteté. Ces narrations alertes n'ont aucune prétention au mémoire érudit, mais elles n'en sont pas moins fondées sur une sérieuse enquête historique. Ce qui séduit Laurent-Vibert dans les personnages qu'il étudie, c'est l'originalité de leur physionomie, le pittoresque de leurs aventures, la couleur des événements auxquels ils se trouvent mêlés ; l'agrément de son exposé tient avant tout à la façon, à la fois très vivante et très simple, dont il les fait sentir au lecteur. S'il y réussit si facilement, c'est que lui-même il sent avec vivacité le caractère des figures ou des circonstances qu'il évoque ; son imagination ne reste pas indifférente ; elle s'émeut ou s'amuse la première, suivant le cas, aux tableaux qu'elle nous présente : n'en perçoit-on pas le frémissement lorsqu'il résume en un défilé de masques souverains la carrière de Busbec ? « Soliman, Roxelane, la reine Marie d'Angleterre, Philippe II, Catherine de Médicis, Charles IX : figures mystérieuses et tragiques qui durent hanter sa fièvre, aux jours d'agonie... L'homme qui vit familièrement ces visages, qui pénétra ces âmes torturées, lourdes de crimes et d'ennui, se promène à travers les gibets, les lacets de soie, les arquebusades, les bûchers et les massacres, un livre de Cicéron ou une fleur à la main, et collectionnant les médailles antiques ». N'aperçoit-on pas le sourire de l'auteur lorsqu'il retrace l'histoire de l'excellent Guys ? Les considérations relatives à l'histoire générale sont rares dans ces essais avant tout biographiques ; à propos du siège de Candie, Laurent-Vibert a pourtant démêlé et exposé clairement les directives de la politique orientale de Louis XIV. Ce qu'il a principalement voulu, c'est donner par quelques exemples l'impression de ce qu'était la vie en Orient aux siècles passés. A la préoccupation avant tout économique qui l'emportait durant le séjour à Salonique a donc succédé, durant les premières années du retour à Lyon, une préoccupation avant tout historique. Cette préoccupation ne l'abandonnera jamais et, jusqu'au bout, il travaillera à une vaste *Bibliographie des Voyageurs,* inventaire de tous les récits imprimés de voyages dans le Levant. Toutefois, les dernières années de sa vie représentent avant tout une troisième phase de sa pensée caractérisée par la prédominance d'un point de vue jusqu'alors resté, au moins en apparence, secondaire, le point de vue politique.

Au printemps de 1923, Laurent-Vibert peut enfin s'échapper, partir pour l'Orient. Il a rendu compte de son voyage dans une brochure publiée à son retour, *l'Orient en mai* 1923. Les impressions ou, plus exactement, les faits qu'il a recueillis en Egypte, en Palestine, en Syrie, en Turquie, et les conclusions qu'il en a tirées : telle est la matière de ces quarante pages. Deux idées dominent l'exposé : l'une est que, dans les rapports avec les Turcs et, d'une façon plus générale, avec les Etats musulmans, le seul argument efficace, c'est la force ; l'autre, que tout règlement de la question d'Orient doit être fondé sur l'entente sans réserve de

la France et de l'Angleterre. Et ces idées, il en démontre la justesse suivant sa méthode habituelle, c'est-à-dire par des faits con-
crets. Le voyageur s'est mis sans aucun parti-pris en face de la
réalité et il l'a ensuite décrite en réduisant dans toute la mesure
possible le coefficient personnel. Pas de théories ; le récit de ce
qu'il a entendu, de ce qu'il a observé, puis les conclusions qui,
précises et irrésistibles, se dégagent d'elles-mêmes. Six chapitres,
respectivement intitulés : *le réveil de l'Islam, l'Angleterre, la
France, la France et les Arabes, la France et les Turcs, la France
et l'Angleterre,* sont consacrés à faire sentir la force du nationalisme oriental, à analyser les buts de la politique anglaise en Egypte
et en Palestine, à apprécier l'œuvre de la France en Syrie, enfin
à rechercher et à exposer quels doivent être les rapports des quatre facteurs essentiels du problème : populations arabes, Turquie,
France, Angleterre.

De même qu'il élimine tout pittoresque, l'auteur écarte tout
appel au sentiment pour rester dans le domaine des considérations purement politiques. Malgré la fréquence du « je », l'exposé
a ainsi un caractère frappant d'objectivité qui donne une force
entraînante à l'argumentation. En un seul passage Laurent-Vibert ne peut arriver à maîtriser son émotion ; c'est lorsqu'il rappelle l'abandon de la Cilicie et qu'il évoque le souvenir des Arméniens sacrifiés par la France : « Nous avons dû recueillir dans
la plaine marécageuse qui s'étend entre Alexandrette et la montagne les réfugiés arméniens de Cilicie qui s'étaient confiés à la

protection de notre drapeau et qui, dans les chaleurs de l'été et les inondations de l'hiver, meurent lentement aux portes du petit cimetière français émouvant de simplicité. C'est là que reposent nos soldats, morts, inutilement hélas! pour que ne se reproduise pas cette honte : une population à qui nous avions promis la protection de la France et que nous laissons agoniser après n'avoir rien fait pour sauvegarder sa vie... Notre drapeau, par l'horreur de la politique et des affaires mêlées, n'a pas su, après la guerre où a coulé le plus pur du sang français, couvrir une poignée de malheureux. Jamais je n'ai ressenti comme Français pareille humiliation ». Cri de la conscience révoltée devant la trahison. Je ne crois pas qu'il soit possible d'exposer avec plus de lucidité et plus d'impartialité en même temps qu'avec un sens plus vif du réel le problème oriental ; la brochure de Laurent-Vibert me paraît être un chef-d'œuvre du mémoire politique ; elle mériterait d'être le bréviaire des hommes d'Etat qui ont à résoudre ces questions.

L'année suivante, pendant les premiers mois de 1924, Laurent-Vibert revient dans les mêmes pays, mais il étend le champ de son enquête et y englobe la Mésopotamie. Ecrit à son retour, *Ce que j'ai vu en Orient* est fondé sur les observations des deux campagnes ; toutes les parties importantes de la brochure de 1923 y sont reproduites telles quelles, mais le livre est enrichi de données nouvelles et complété par le compte rendu du voyage à Bagdad, Mossoul, Bassorah. *En Egypte, En terre sioniste, A Jérusalem, En Syrie, la route française des Indes, En Mésopotamie, la frontière Nord de Syrie, En Turquie, la politique de la France*, tels sont les titres des chapitres qui, succédant à une brève introduction, indiquent les étapes principales du voyage.

Les thèses restent les mêmes, cette seconde expédition n'ayant fait que confirmer les premières vues de Laurent-Vibert, mais l'allure de l'ouvrage est très différente. Il n'a plus la forme d'un mémoire appuyé sur les documents recueillis dans une enquête sur place, mais celle d'un récit au cours duquel le narrateur nous communique ses impressions, ses réflexions, ses émotions, et au terme duquel il dégage des conclusions. La personne de l'auteur, ses goûts, ses idées particulières tiennent donc une place beaucoup plus importante. Une année a passé ; Laurent-Vibert a senti encore plus profondément la gravité des erreurs commises par la France en Orient ; d'autre part, il a pris nettement position dans la politique intérieure et, établissant un lien entre l'orientation de cette dernière et celle de la politique étrangère, il tend à rendre également responsable de l'une et de l'autre le régime actuel. De là, ce ton amer, agressif et cette ardeur de polémique qui traverse tout l'ouvrage. Affligé par les faiblesses et les fautes présentes, il se retourne vers les grandeurs du passé et va demander des leçons aux rois qui, par leur habileté, par leur ténacité, ont créé à la France dans le Levant une situation privilégiée et lui ont acquis des droits historiques. La théorie des droits acquis se présente ici comme une doctrine politique opposée à celle des nationalités. « La France sur le terrain solide des *droits acquis* était inexpugnable. Seule, absolument seule, parmi les nations occidentales, la France, depuis cinq siècles, avait répandu, dans cet Orient que l'Europe déclarait sans maître, le plus clair de son génie... Cinq siècles de travail, de sacrifices, est-ce que cela compte pour les jacobins de France? Il n'est de vrai que les Droits de l'homme ». Par suite de ce changement de ton, de cette conception plus doctrinale, l'exposé, comparé à celui de 1923, gagne en variété et en vie, il prend un accent plus vibrant, mais, devenue moins objective, moins sévèrement documentaire, il n'est pas douteux que l'argumentation perd en force convaincante.

Durant ce voyage, la constatation des lacunes de notre politique est pour Laurent-Vibert un poignant sujet de mélancolie. Mais, à côté des tristesses, quels enchantements, quelles raisons d'espérer ! Joies profondes éprouvées au contact des activités françaises, visions merveilleuses, spectacles imprévus, l'auteur nous fait part de tout ce qu'il a vu et appris de nouveau avec une émotion, une conviction que communiquent au lecteur la simplicité transparente et la précision évocatrice de son style. A Jérusalem, il s'abandonne au bonheur de découvrir une ville française et de se sentir accueilli par les ombres des Croisés. Avec quelle piété filiale il contemple leurs édifices et se rappelle leurs exploits qui ont fait de la Terre sainte une terre française! Avec quelle dévotion il associe dans un même amour les souvenirs, fugitifs ou rudimentaires, du passage du Christ et les restes, plus tangibles et plus artistiques, de l'œuvre des Croisés! «Un Français, né ca-

tholique, et fils de bonne mère, que sa croyance soit vive ou dé-
faillante, lorsqu'il entre dans la petite chapelle où brûlent les
quarante-trois lampes, au-dessus de la grande dalle fendue du
Sépulcre, dalle émouvante de simplicité, usée de larmes, de bai-
sers, de prières, de foi, d'amour, éprouve cette certitude que, plus
que tout autre au monde, par le sacrifice de ses ancêtres, il a le
droit de s'approcher de cet incomparable autel». Ce sont les mêmes impressions, mais, cette fois, transposées dans la réalité présente, qu'il retrouve à Palmyre auprès de ces soldats dispersés
aux confins du désert de Syrie qui continuent à la fois la tradition
civilisatrice des légionnaires romains et la tradition de sacrifice
des chevaliers français. La page dans laquelle il évoque leur souvenir est une des plus belles du livre ; je cite le passage en entier
malgré sa longueur, parce que l'émotion historique, l'émotion
patriotique, l'émotion devant la beauté de la nature s'y expriment
avec une égale puissance et qu'ainsi il est, à lui seul, caractéristi-
que des aspects divers de la sensibilité de Laurent-Vibert : « Devant le champ de ruines de Palmyre, où les feux du soleil couchant
allument, comme des torches, les colonnes innombrables des
temples et des portiques, dans cette étendue d'une mélancolie et
d'une beauté si poignantes, où par delà la ville morte le désert
étend à l'infini les mirages et les reflets de ses salines, le cœur est
soulevé d'une inexprimable émotion quand apparaissent, drapés
de rouge, voilés de blanc, sur les chameaux gris et lents, les méharistes de France. Ils défilent derrière les colonnades, réapparais-

sent dans le cadre d'une porte monumentale. Balancés à la cadence de leurs bêtes souples et puissantes, ils frappent sur cette cadence redoublée leurs mains brunes l'une dans l'autre, en chantant ces mélopées arabes qui ne finissent jamais, images sonores du désert et de la vie monotone. Un officier, au regard clair, les précède.

« Voici, ô Français, les Auxiliaires de l'Empire. Ceux qui accompagnèrent Trajan n'étaient pas autres. Après quinze siècles, ces Bédouins, dont la race est éternelle, ont retrouvé leurs chefs naturels d'Occident. Sous leurs ordres, ils ont repris, en chantant, les pistes traditionnelles que les barbares ont semées des ruines immenses de l'Empire romain. Que de fois, la nuit, tandis que j'entendais, par delà la toile fragile de la tente, « gargouiller » les chameaux et que pesait sur nous le silence, je rêvais que j'étais couché parmi les troupes de cette XVIe légion qui, près de Damas, quand le cours du Barada eut détruit la route qui longeait le fleuve, la reconstruisit sur les hauteurs, *interciso monte* ». Et c'est encore la même joie, d'une qualité plus douce mais tout aussi pénétrante et profonde, que lui procure sa visite aux Sœurs françaises de Bagdad, héroïnes, elles, de la conquête spirituelle.

Voilà pour les satisfactions du cœur. Les satisfactions des yeux ne sont pas moindres. Suivant sa propre expression, il a « regardé de toute son âme ». Nous venons de voir quelle vision il a gardée de Palmyre ; la traversée du désert en automobile, de Damas à Bagdad, fut un voyage de rêve dont l'émerveillement revit dans la précision du journal de route. C'est d'abord le départ, à l'aube, dans Damas endormi, puis le désert avec ses mirages, sa monotonie, sa solitude ; la rencontre d'un troupeau de gazelles, celle d'une hirondelle égarée ; ensuite, la tombée du soir, la marche continue dans la nuit, l'arrêt en pleines ténèbres ; à la seconde aube, la halte auprès d'un village étrange, l'entrée dans des pays inconnus ; enfin, la traversée de l'Euphrate, l'approche du Tigre, l'apparition de Bagdad : « La ville basse, rose, dominée par ses coupoles, baigne toute dans le fleuve, par ses terrasses de terre grise ».

Laurent-Vibert s'est mis tout entier dans ce livre. On peut faire des réserves sur la doctrine politique qu'il y défend, même sur l'opportunité du ton qu'il emploie pour critiquer ses adversaires. Les conclusions particulières, déjà dégagées, d'ailleurs, pour la plupart dans la brochure de 1923, restent inattaquables, et l'on ne peut qu'admirer la générosité de sentiment, la finesse de sensibilité, la maîtrise de style qui se révèlent dans ce beau volume, riche de poésie sereine, de passion combative, d'ardente émotion.

Le printemps de 1925, le dernier printemps de Laurent-Vibert, fut consacré à l'Amérique. Si le temps lui avait été moins strictement mesuré, sans doute serait-il revenu en Orient, mais en poussant plus loin son exploration. Sur le pont de Bagdad, il avait entrevu l'Inde ; à ces confins extrêmes du Levant, il avait senti l'attrait de l'Asie inconnue. Ce sont des séductions auxquelles il n'eût pas résisté. Mais l'œuvre accomplie suffit pour assurer à Laurent-Vibert le droit d'être considéré non pas seulement comme un voyageur curieux, mais comme un bon ouvrier de l'expansion française et comme un connaisseur perspicace de la politique orientale.

Charles DUGAS.

EN SYRIE

Laurent-Vibert a visité la Syrie au printemps de 1924. Il arrivait de Palestine et d'Egypte où l'avait conduit un voyage d'affaires. Il avait déjà parcouru le Levant en 1923. Son patriotisme éveillé le ramenait pour la seconde fois vers la Syrie, dont l'avenir le préoccupait.

Humaniste et lettré, agrégé d'histoire, collectionneur et liseur des récits de nos vieux voyageurs du xviie et du xviiie siècle, plus politiques et plus moraux qu'impressionnistes, Laurent-Vibert savait que notre influence en Orient ne date pas de l'octroi qui nous a été fait le 24 juillet 1922 d'un mandat sur la Syrie. Nous avons sur ces terres de vieille civilisation gréco-latine des *droits acquis* en vertu des services rendus depuis dix siècles au Levant dont nous avons été tour à tour les conquérants, les législateurs, les éducateurs, les chefs de négoce, les arbitres et les justiciers.

Mieux qu'aucun autre, Laurent-Vibert connaissait nos annales et savait d'où nous tirions ce que l'on appelait nos privilèges, qui n'étaient en réalité que la reconnaissance de multiples bienfaits, d'une tutelle séculaire et d'une suzeraineté morale que nous avions gagnée au prix de nos œuvres. Le français qui résonne sur toutes les rives de la Méditerranée orientale, les Capitulations, notre protectorat sur les catholiques latins des Lieux Saints, les honneurs particuliers rendus à nos représentants, leur médiation si souvent invoquée dans les conflits et l'immense réseau d'écoles, d'hôpitaux, de missions, d'établissements de bienfaisance dont nous avions couvert l'Orient, nos relations d'amitié traditionnelle avec l'Empire Ottoman dont nous étions les principaux créanciers, tels étaient les vestiges de l'empire que nous avions toujours exercé sur ces terres d'Orient où le mot « Franc » signifie encore Européen. Jamais cette prééminence, sinon politique, du moins morale, n'avait été mise en discussion, déniée ni révoquée jusqu'à nos jours. Tous les gouvernements français, de Saint Louis à la Convention et de Bonaparte à 1914, avaient admis que nous avions dans le Levant une situation privilégiée et une prépondérance spirituelle que les Capitulations du XVIe siècle avaient nettement confirmées. La France a fait régner la paix dans la Méditerranée orientale pendant de longues années. Laurent-Vibert le savait fort bien, et il n'avait pas manqué d'en instruire le Congrès des Conseillers du commerce extérieur, à Marseille, en 1924, dans un rapport sur l'Empire français dont le titre put paraître alarmant, mais dont il sut, par son talent persuasif, faire accepter les conclusions hardies et nettes à un auditoire enthousiasmé.

« Notre mission en Orient, disait Laurent-Vibert, est de continuer et de faire rayonner la civilisation helléno-latine. Nous y sommes des porteurs d'ordre. Nos maisons d'éducation y sont florissantes. Médiateurs attitrés des disputes si fréquentes entre les races et les religions, nous empêchons que l'on ne s'y massacre. Aux violences de l'Islam nos escadres ont souvent mis un frein. Nul ne nous a jamais contesté ce droit de justice international ».

Autant il était inflexible sur un patrimoine que nous ne pouvons laisser dilapider, autant Laurent-Vibert sur le terrain politique faisait preuve d'intelligence, de souplesse et d'esprit pratique. Les grandes leçons de l'Empire britannique n'étaient point perdues pour son œil vigilant. Il concevait fort bien que l'Angleterre, inébranlable sur la question de la sécurité du Canal de Suez et de la route de l'Inde, n'admit aucune intrusion étrangère dans la politique intérieure de l'Egypte, à laquelle d'ailleurs nous avons renoncé en 1882.

« Au surplus, nous nous leurrons, disait Laurent-Vibert, sur les nationalismes asiatiques. Les vocables n'ont pas le même sens en Orient que chez nous. Si quelques chefs politiques ont la notion exacte de ce que pourrait être une nation, il n'en est pas de même de la foule dont les opinions sont généralement dictées par la passion religieuse et la haine de l'infidèle ». Il croyait qu'il était imprudent de faire trop confiance à des courants qu'un souffle de fanatisme peut faire dévier du jour au lendemain. Notre rôle en Orient devait être, selon lui, d'éviter ces explosions, de calmer les passions religieuses et, tout en assurant la sécurité des minorités chrétiennes, d'humaniser l'Islam et de lui faciliter l'accès de la vie européenne.

Il voulut pousser jusqu'à Bagdad et Bassorah ses investigations. Il en revint, persuadé que les Anglais ont des droits acquis sur la Basse Mésopotamie comme nous en avons sur le Levant. Ils ont fait de Bassorah un port marchand de premier ordre. Les établissements de l'Anglo Persian Oil Cʸ, sur le Karoun, lui avaient révélé une immense exploitation, destinée dans un avenir prochain à assurer le ravitaillement en pétrole de l'Angleterre. Les plaines du Tigre et de l'Euphrate, irriguées, peuvent redevenir ce qu'elles étaient aux temps bibliques, un grenier. La route de Syrie en Perse, si elle était largement ouverte, toutes barrières douanières abaissées, au commerce international, ferait de l'Iraq l'entrepôt de l'Asie Centrale. Des entretiens qu'il avait eus avec les autorités britanniques de Bagdad, Laurent-Vibert rapportait la conviction d'une collaboration possible et efficace entre les deux puissances mandataires. Tout en regrettant la perte de Mossoul, si légèrement sacrifiée par nos négociateurs, il n'était pas d'avis d'user nos forces réciproques en récriminations stériles. L'Asie ouvre à l'activité de la France et de l'Angleterre un champ assez vaste pour qu'elles y puissent rivaliser en bon accord. La

Grande Bretagne peut bien organiser des élections en Iraq, rassembler un Parlement et lui faire voter un traité anglo-iraquien qui constitue une sorte de protectorat déguisé, mais ni ses régiments ni ses avions ne sont assez nombreux pour tenir sous sa coupe l'immense Mésopotamie, où la révolte arabe ou kurde a plusieurs fois grondé. Une marine nous fait défaut, mais les Anglais manquent d'une armée nationale pour tenir leur Empire. Ils ne doivent pas oublier que notre armée du Levant monte pour eux la garde à la frontière turco-syrienne, qu'Alep défend Mossoul, et qu'en 1920, lors de la révolte arabe, où le corps d'occupation britannique fut littéralement assiégé par les rebelles, la marche sur Damas du général Gouraud sauva l'Angleterre d'un désastre certain. L'ordre ne peut être rétabli dans le Proche Orient que par des échanges de vues et par une collaboration constante entre les deux pays. L'esprit de rivalité doit faire place à l'esprit d'organisation. De toutes ces nécessités, Laurent-Vibert avait une intuition remarquable. Désireux d'assurer la grandeur de son pays, il rendait justice aux efforts de nos Alliés. Chez lui, comme chez tous les Français de bonne race, le patriotisme n'excluait pas la courtoisie.

Le système des mandats ne plaisait pas à notre ami. Il les jugeait hâtifs et mal bâtis, inspirés par l'idéologie wilsonienne, et inaptes, si on les applique à la lettre, à faire régner la paix en Orient. S'il faut tenir compte, en effet, « de *tous* les droits, de *tous* les intérêts et de *tous* les vœux de *toutes* les populations habitant les territoires mandatés », quel gouvernement pourra satisfaire un assemblage de sectes, de confessions, de races et de tribus, où la diversité est la règle, comme en Syrie, et qui n'ont jamais pu se tolérer mutuellement que lorsqu'elles se liguaient contre leur maître commun ou quand elles étaient gouvernées par lui avec fermeté ?

L'article 22 du pacte de la Société des Nations fait allusion à « certaines communautés qui appartenaient autrefois à l'Empire Ottoman et qui ont atteint un degré de développement tel que leur existence, comme nations indépendantes, peut être reconnue provisoirement, à la condition que les conseils et l'aide d'un mandataire guide leur administration jusqu'au moment où elles seront capables de se conduire seules ».

En pratique, des pays où la division règne ne peuvent être gouvernés que du dehors. Il en a toujours été ainsi pour la Syrie et pour la Palestine. Il est souhaitable que ces territoires arrivent sous peu à se conduire eux-mêmes. Pour l'instant, ils en sont incapables et les Syriens attendent de nous les actes de gouvernement qui rétabliront la sécurité intérieure, feront respecter les propriétés, les biens et les personnes, répareront les communications et le trafic, et assureront en même temps l'intégrité des frontières.

Ce que Laurent-Vibert reprochait surtout au mandat, c'était son incertitude. Comment fonder en Orient quelque solide établissement si nos meilleurs partisans craignent à bref délai le retrait de nos troupes ? On ne construit rien sur des apparences éphémères, et les châteaux forts qui couronnent encore la cime des montagnes syriennes témoignent par leur durée des bases solides de notre influence. Ni en Palestine ni en Iraq la Grande-Bretagne ne manifeste l'intention d'évacuer le pays. Toute indécision de notre part sur l'opportunité de notre séjour et sur le succès futur de notre entreprise passera pour un signe de faiblesse. Il faut savoir ce que l'on veut. L'Oriental ne respecte que la décision, la droiture de l'esprit, l'équité et la force.

Il est cruel de songer qu'un esprit aussi délié que celui de Laurent-Vibert, un cœur aussi patriote ait été brusquement ravi à l'affection de ses amis et au pays qu'il servait si dignement. Par l'étendue et la variété de ses pensées, par sa tournure d'esprit toujours orientée vers la grandeur de la patrie, par son habileté d'observation, par ses qualités d'homme d'action et de prompt réalisateur, ce voyageur qui débutait dans la philosophie politique donnait les plus belles espérances à ceux qui croient encore au rayonnement de la France dans le monde.

Il déclare modestement dans son beau livre, *Ce que j'ai vu en Orient*, dédié aux officiers de la Compagnie de méharistes de Palmyre, qu'il doit à ses compagnons de Syrie les seules pages qui aient chance de toucher le lecteur. Les quinze jours qu'il avait vécus avec eux dans le désert comptaient parmi les plus beaux de son existence. Il n'est pas de meilleur éloge que l'on puisse faire de l'ami que nous regrettons. Il appartenait de cœur à cette armée du Levant qui veille et qui combat de Damas à l'Euphrate pour soutenir l'honneur et sauvegarder l'avenir de la France en Orient. Il était de ces troupes de choc et d'avant-garde qui cherchent à retrouver sur les pistes de nos caravanes l'empreinte des légionnaires de Trajan et de Septime Sévère. Il était un de ces Français, à l'esprit ouvert et poli, qui ont gardé la foi dans les destinées de leur pays et qui, sachant l'histoire, refusent d'amener nos couleurs dans les terres où elles ont si souvent et si longtemps flotté.

WEYGAND.

LA PROVENCE

On dit souvent que les Lyonnais prisent assez peu les Provençaux, qu'ils englobent généralement tous sous l'appellation de « Marseillais »; et cependant c'est de Lyon que sont parfois venues à la Provence de très sûres amours. Il était Lyonnais ce cher Paul Mariéton qui fit tant pour la *Cause* provençale; chancelier du Félibrige, directeur de la *Revue Félibréenne*, organisateur des inoubliables premières chorégies au théâtre antique d'Orange, bienfaiteur du pays, car il a laissé sa riche bibliothèque au *Muséon Arlaten* et au Musée Calvet. Un jour que je parlais de lui à Laurent-Vibert, celui-ci s'écria : « Qu'il a été heureux d'avoir pu connaître Mistral! moi, je suis venu trop tard ». Et certes, Mistral aurait pu dire à Vibert ce qu'il a dit à Mariéton dans la strophe où il lui dédie le magnifique sirventesc du *Lion d'Arles* : « *Tu qu'as fa moun païs tiéu* ». Toi qui a fait tien mon pays.

Robert Laurent-Vibert, né à Saint-Genix-d'Aoste en Savoie, élevé à Lyon, chef d'une grande maison de commerce lyonnaise, aimait à se recommander d'origines méridionales, et de fait, lorsque je relis ses lettres, j'y rencontre à chaque instant ces mots : « notre Provence, notre chère Provence ». Dans la dédicace d'un de ses livres, il célèbre « l'inestimable bienfait d'être devenu Provençal ». Ce n'était pas seulement courtoisie, désir aimable pour ce Lyonnais de faire plaisir à un Aixois, c'était l'expression d'un sentiment profondément sincère. Tout devait l'amener et le retenir «dans ce doux repaire qu'enclosent la mer et la Durance», et sa nature et sa culture. Mieux que beaucoup de Provençaux, il a compris la vraie Provence, austère et sérieuse, non pas cette rieuse, alerte, pimpante et trop bonne fille que l'on doit au moulin de Fontvieille dont les ailes frivoles ont cependant moulu tant de farine amère pour notre race, mais le Pays antique, où la masse hautaine de Sainte-Victoire s'érige comme une pierre votive sur la plaine de Pourrières. Cette Provence l'avait pris tout entier, et ce grand voyageur en emportera désormais partout la nostalgie, même parmi les plus prestigieux souvenirs de l'Orient ; tel le Cosimo Dalbo de la *Gioconda* : « Ah! certes! mes yeux ont vu de merveilleuses choses et bu une lumière auprès de laquelle même celle-ci semble pâle. Mais quand je revois une simple ligne comme celle qui est devant nous — regarde là-bas *San Miniato*—, il me semble que je me retrouve tout entier moi-même... La pyramide de Chéops ne fait pas oublier *la bella Villanella* et, plus d'une fois, dans les jardins de Koubbeh ou de Gizeh, ces réservoirs de miel, en mâchant un grain de résine, j'ai pensé à un svelte cyprès toscan sur le bord d'un maigre champ d'oliviers ».

— Des oliviers et des cyprès, une belle architecture, de nobles noms comme d'Agoult et Lesdiguières, le souvenir d'un glorieux passé, le culte de la tradition française, la grandeur de l'œuvre mistralienne comprise en lisant *Anthinéa* et *l'Etang de Berre*, l'amour de l'ordre et de la lumière, et voilà ce Lourmarin qui a fait du Lyonnais Laurent-Vibert un fervent Provençal.

— C'est en août 1920 que, parcourant cette partie de la Provence avec des amis, Laurent-Vibert découvrit cette ruine, cet édifice militaire flanqué de tours, tapissé d'un lierre prodigieux, aux contours intacts, mais dont l'intérieur, sauf le grand escalier, était effondré presque entièrement. On cherchait à vendre au prix des pierres ce tas de pierres ; il l'acheta et il a conservé ainsi au Pays provençal un monument d'un style dont il n'existe chez nous que très peu d'exemplaires aussi parfaits: celui de la Renaissance. L'intérieur était effondré mais l'ossature était intacte. Les planchers écroulés laissaient voir l'amorce des poutres ; les grandes cheminées avec leurs fusées d'ornement pendaient dans le vide, mais tenaient encore tout de même et, je l'ai dit, demeurait l'escalier dans la grande tour, avec sa torsade puissante, ses marches engagées et l'étonnante ombelle de pierre qui le termine. Des données certaines existaient donc pour restaurer l'édifice. Laurent-Vibert eut la chance de trouver à Lourmarin même une équipe d'excellents ouvriers, héritiers d'une vieille tradition, qui travaillèrent sous la direction de son ami Charles Martel.

Charles Martel est mort, sans avoir vu Lourmarin achevé. C'est lui qui, intelligemment, sagacement, a deviné ce que devait être le château avant sa décadence. Il y a deux ans à peine, alors que tout était terminé, une heureuse circonstance m'a fait retrouver l'inventaire descriptif de Lourmarin fait en 1632, moins de cent ans donc après sa construction, pièce par pièce, on pourrait presque dire pierre par pierre, avec une incroyable minutie dans le détail ; et la comparaison montre de façon irréfutable que Charles Martel ne s'est pas trompé.

De tous les amis de Laurent-Vibert, de toute cette « communauté de Lourmarin », que ce grand fervent de l'Amitié avait groupés autour de lui, associé à son œuvre, qui ont avec lui travaillé joyeusement, soit pour restaurer le château, soit pour l'embellir, le meubler, soit pour collaborer aux travaux littéraires, historiques, bibliographiques, je ne nommerai que Charles Martel, le peintre de Villeneuve-les-Avignon, parce qu'il n'est plus ; mais je dois dire que tous, nous qui restons, avons la ferme intention de continuer l'œuvre entreprise par Laurent-Vibert, cette œuvre qu'il ne sera plus là, hélas ! pour inspirer, pour diriger, pour animer.

— Lourmarin[1] (plus anciennement *Lursmarin*), bien que faisant partie actuellement du département de Vaucluse, est terre provençale et non pas comtadine, car il était dans la viguerie d'Apt, au diocèse d'Aix. Le château a précédé de plusieurs siècles le village. Il n'y avait là, au XIIe siècle, que deux petits établissements bénédictins, Saint-André et Saint-Trophime, dépendant du monastère de Villeneuve-les-Avignon, et c'est vers cette époque aussi que dut être établi un poste militaire commandant la seule route qui, à travers l'âpre chaîne du Luberon, relie la vallée d'Apt à celle de la Durance. De fait, le contraste est saisissant des deux vues que l'on a par les fenêtres de la grande salle : au nord, la montagne sauvage, toute proche, la route s'enfonçant dans les escarpements de la combe ; au sud, un magnifique belvédère, toute l'harmonie du paysage provençal, les grasses plaines des alluvions de la Durance, les collines du Vernègue, de la Trévaresse ; dans le lointain, les Alpilles.

Du château primitif, il ne subsiste presque plus rien ; peut-être le soubassement d'une tour à bossages et quelques pans de muraille aujourd'hui à peine visibles.

Comme la Tour d'Aigues, la terre de Lourmarin passa des comtes de Forcalquier à la maison de Sabran, puis à celle des d'Agoult en 1410, et dès lors s'incorpora au comté de Sault, possession héréditaire de cette famille. Vers 1470, Foulque d'Agoult fait

---

1. Je résume ici la notice que Laurent-Vibert avait lui-même rédigée sur l'historique du château.

venir du Piémont une colonie de Vaudois, sectateurs de Pierre de Valdesio, persécutés dans leur pays, pour peupler et cultiver tout le territoire limité par le Luberon et la Durance. Il fait avec eux une convention verbale qui fut explicitement rédigée en 1523 par une de ses descendantes, Louise d'Agoult.

Le village se crée ; le château est entièrement reconstruit ; une partie de l'édifice actuel, la partie nord, fut achevée en 1525 par deux lapicides d'Aix et de Pertuis, Barbier et Grangier.

Au xvie siècle, en 1542 (la date est au bas du grand escalier), Blanche de Levis, veuve de Louis d'Agoult et tutrice de son jeune fils François, fit construire le grand édifice Renaissance, utilisant en partie une façade de la bâtisse du xve siècle, mais qui dans l'ensemble constitue un second château accolé au premier. Cette partie du monument, faite en très peu d'années, a une unité précieuse de style et de composition ; architecture robuste, sobre, sans grands ornements, où domine l'arc en anse à paniers avec, dans le grand escalier, des sculptures qui furent toutes mutilées sous les guerres de Religion, et la haute tour carrée qui contient la vis, éclairée par de grandes croisées soutenues par des colonnes à chapiteaux ; dans les salles, point d'autre décoration que celle des cheminées immenses et, par miracle, toutes intactes. On a retrouvé, épars dans le pays, quelques-uns des balustres qui fermaient la terrasse au midi, ce qui a permis de restituer l'ensemble. En dessous s'étage la seconde terrasse qu'occupe maintenant tout entière un miroir d'eau encadré de buissons de roses et bordé de vases d'Anduze. Tout cela qui fut ajouté, est très simple, très grand, comme les beaux meubles massifs à l'intérieur, dont beaucoup rapportés d'Espagne, les poteries orientales, les rudes tapis marocains, la peinture mate des murailles, les plafonds à poutres apparentes, les portes de bois sculpté. Dans le moindre détail se décèle un goût sûr, une parfaite compréhension du style et de l'ambiance.

Le château de Lourmarin fut délaissé par ses maîtres quelques années après son achèvement, car dès le début du XVIIᵉ siècle, les comtes de Sault cessèrent de l'habiter pour aller vivre à Sault et plus tard à la Tour d'Aigues, dans la fastueuse demeure qui fut le plus beau château de Provence, décorée, celle-là, avec toute la richesse des édifices Renaissance et qui appartint ensuite aux Lesdiguières, puis aux Bruni. Lourmarin, je l'ai dit, eut, jusqu'à la Révolution, les mêmes maîtres que la Tour d'Aigues ; mais il fut abandonné à des métayers. Les grandes salles, ainsi qu'il est dit dans l'inventaire de 1632, servirent de granges et c'est justement ce qui conserva intacte cette architecture ; car au XVIIIᵉ siècle, on ne songea pas, comme pour tant d'autres maisons provençales, à la rhabiller au goût du jour, à aveugler les fenêtres à croisillons, à remplacer les hautes cheminées de pierre par des marbres Louis XV, à décorer les portes de trumeaux. Lourmarin demeure dans sa belle austérité avec son allure guerrière, sa tour féodale et ses tours Renaissance, son escalier où l'on voit encore les traces des feux qu'y allumèrent, en 1536, les troupes de

Charles-Quint, les marques des sièges qu'il eut à subir au temps des guerres de religion, lors de l'affaire des Vaudois, ceux de Cabrières et de Mérindol, de l'expédition du président d'Oppède.

Dans ces murs pleins d'histoire, qui n'évoquent que des souvenirs brutaux, Laurent-Vibert avait créé une demeure accueillante, la maison de l'amitié, de l'intelligence et de l'étude. Sans nulle morgue, sans prétention ridicule, tout en restant Robert Laurent-Vibert, le maître de Lourmarin, par sa bonté et ses bienfaits, a continué les barons d'autrefois qui, au moment de la persécution religieuse, défendirent opiniâtrement leurs paysans. Il fut la Providence de ce pays; à la nouvelle de sa mort, tous les gens de la commune — les braves gens, du moins — ont, pour ainsi dire, pris le deuil.

Il a continué aussi la tradition intellectuelle qui fit du dernier seigneur de la Tour d'Aigues et de Lourmarin à la fois un mécène et le plus érudit des amateurs provençaux. Je veux parler de Jean-Baptiste Bruni, marquis de la Tour d'Aigues, baron de Lourmarin, président du Parlement de Provence qui, à la fin du XVIIIe siècle, avait transformé le château de la Tour d'Aigues en un vaste et précieux Musée où se donnaient rendez-vous les savants et les artistes de toute l'Europe. « Tableaux, marbres d'Italie et d'Egypte, fossiles de Provence, minéraux, herbier, ménagerie d'animaux étrangers, tout, dit un de nos historiens, se trouvait dans cette *maison royale* dont le Marquis faisait les honneurs avec la complaisance du savant et l'affabilité du grand seigneur ».

Comme Bruni, Vibert était à la fois savant et affable. Lourmarin connut avec lui le travail fructueux, mais aussi les plaisirs délicats. Cette maison fut comme le château de Tourves avec Valbelle, comme le Tholonet avec Gallifet prince du Martigue, le rendez-vous des artistes et des meilleurs de tous. A Lourmarin, Jacques Copeau est venu lire *les Perses*, et aussi à Lourmarin on a donné la comédie. Ingénieux divertissements qu'il composait en se jouant à la manière des élégantes frivolités du XVIIIe siècle et qu'il faisait imprimer sous ce titre, *les Divertissements de Lourmarin, par un amateur d'estampes*. Ce furent : *Point de lendemain*, délicieuse adaptation, mise en dialogue, du charmant conte pervers de Vivant-Denon ; *l'Aga malgré lui*, une turquerie à la Molière; *l'Arbre de vérité*, une chinoiserie de paravent, trames ténues, sur lesquelles Henri Bosco et Joseph Schwab brodèrent la plus aimable et la plus spirituelle musique.

Les trois premiers vers de *l'Aga malgré lui* peuvent donner le ton de ces badinages :

Se peut-il qu'abordant au rivage du More,
Mes esprits déconfits encore
De ces maritimes émois...

—Dès 1922 fut entreprise la publication des *Terrasses de Lourmarin*, titre sous lequel se groupent des monographies, la plupart politiques et sociologiques[1]. Mais comme il s'agit dans ces essais plutôt de doctrines générales, de décentralisation et de régionalisme *in abstracto*, que de vraie politique provençale telle qu'on la trouve notamment dans *les discours et dits* de Frédéric Mistral, je n'y insiste pas.

La Provence et Lourmarin ont mieux marqué de leur signe le roman d'Henri Bosco, livre curieux et charmant, où l'on entend battre à chaque page le cœur de ce Pays, émouvant témoignage de foi latine; l'histoire d'un ré-enraciné — qu'on me passe la barbarie du terme —: *Pierre Lampédouze*, et cette histoire s'achève au château de Lourmarin.

De même, ce serait sortir du cadre qui m'est assigné que de parler longuement de tous les beaux travaux, articles, brochures, discours que cette magnifique intelligence savait si vite mener à bien : *Ce que j'ai vu en Orient*, *l'Empire français* et, quoiqu'il m'en coûte, je ne dirai non plus de ses entreprises bibliographiques : *la Bibliographie des ouvrages écrits en langue française et traitant des voyages en Orient ; les Marques d'imprimeurs et des libraires en France au XVIIe et XVIIIe siècles*, et non plus ce qu'il projetait de faire pour la Bibliothèque Méjanes : Impression du

---

1. En voici la liste : I, *l'inqiétude démocratique*, par Noël Vesper; II, *le sophisme de la compétence*, par R. Laurent-Vibert; III, *l'intempérance théologique*, par Noël Vesper; IV, *le sophisme parlementaire*, par R. Laurent-Vibert; V, *la barque des Saintes*, par Noël Vesper; VI, *l'Eloge de Carpentras*, par Bourdin; VII, *l'impasse métaphysique*, par Noël Vesper; VIII, *Réflexions sur la presse*, par A. Cavalier; IX, *les Poètes*, par Henri Bosco et Noël Vesper. Cette dernière *terrasse*, parue en 1925, est dédiée à la mémoire de R. Laurent-Vibert.

catalogue des incunables, inventaire de nos incomparables recueils de pièces.

— Il est un de ses livres qui, par son titre, semble assez étranger à la Provence, mais où, cependant, on la retrouve presque à chaque page. C'est *Routiers, Pèlerins et Corsaires aux Echelles du Levant*, paru chez Crès en 1923. Après l'histoire d'Augier-Ghislain de Busbec, ambassadeur de l'Empereur Rodolphe II à la Cour de France, vient celle des *Français au siège de Candie* avec le Chevalier Paul, cet «étonnant aventurier marseillais, né en bateau, d'une lavandière, entre le Vieux Port et le Château d'If » et qui devint vice-amiral des mers du Levant. *Le riche esclave*, c'est François Marot, pilote de la Ciotat qui, pris par les Barbaresques, réussit à soulever les galériens dans le port d'Alexandrie ; puis vient l'histoire de *Guys, négociant et académicien de Marseille* et enfin celle de l'Aixois Galaup-Chasteuil, *le Provençal solitaire au Mont-Liban*. A chaque instant, dans ce livre, la Provence est louée... Ainsi, ce commentaire d'un discours de Guys où il s'agit d'un figuier :

« Comme tout cela, sous le vêtement vieilli du style est délicieusement méridional. Celui qui n'a pas guetté, sous le grand ciel bleu balayé de mistral, la maturité lourde et sucrée des premières figues « gouttes d'or » ignore une des joies les plus délicates que peut nous donner ici-bas la nature bienveillante. Le figuier, quand il croît, forme une corbeille de branches toute chargée de fruits. Aucun arbre n'est plus accueillant ni d'une figure plus aimable... ». — En vérité, Paul Arène eût-il pu mieux dire ?

— On lui a reproché de trop entreprendre. C’est que tant de facilité alliée à tant de sûreté, une si prodigieuse faculté d’assimilation, une intelligence si claire, paraissent à peine croyables, et aussi c’est que l’on oublie quelle fut sa méthode. S’il a pu concevoir, élaborer et exécuter en partie ces travaux d’une longueur démesurée que sont notamment les bibliographies, c’est que, dès le début, un plan avait été tracé, mûrement réfléchi, un cadre ordonné, apte à se prêter sans déformation ni retouche à toutes les combinaisons. Il était l’admirateur, le disciple fervent des grands bibliographes d’autrefois. Il avait pour la bibliographie une prédilection, et cet inventaire des recueils de pièces historiques qui sont à la bibliothèque Méjanes, je le lui ai vu commencer en s’occupant, dès le début, des tables chronologiques, alphabétiques et méthodiques, comme on les trouve dans le Père Lelong et Févret de Fontette. Ainsi, dès la première année ce travail eût pu rendre de grands services, être utilement exploité. De même pour le recueil des *Marques de libraires et d’imprimeurs en France aux XVIIe et XVIIIe siècles*, qu’il avait entrepris avec Marius Audin et dont le premier fascicule parut un an à peine après le début de l’entreprise, il n’avait pas adopté la forme du livre dans lequel la dernière ligne est solidaire de la première, mais celle de livraisons comprenant chacune 250 marques ; chaque marque avec ses références occupant le recto d’un feuillet et chaque feuillet portant un numéro d’ordre à gauche qui marque la place qu’il occupe dans le fascicule ; mais aussi à droite est ménagée la place pour une autre numérotation permettant à chacun d'adopter un classement à sa guise, « chronologique, alphabétique, général ou autre ».

— C'est sur un patron de ce genre — et je reviens maintenant à la Provence — qu'avait été bâtie l'œuvre qui lui tenait si particulièrement à cœur, justement parce que le château de Lourmarin en était le centre même, à savoir l'album ou, pour mieux dire, le *Corpus* des monuments de l'architecture Renaissance dans la Provence et le Comtat Venaissin. Des érudits tels qu'Espérandieu, avec le *Recueil général des Bas-reliefs de la Gaule Romaine*, Revoil, avec l'*Architecture romane du Midi de la France*, Labande, auteur, entre autres, d'une magnifique étude sur le Palais des Papes à Avignon, ont presque tout dit sur les monuments provençaux antérieurs au xve siècle. Depuis qu'Aix est à la mode, des ouvrages comme ceux de Léon Deshairs, d'Henri Doblez, de l'abbé Arnaud d'Agnel, ne laissent plus rien ignorer au sujet des grandes demeures parlementaires construites sous Louis XIV et sous Louis XV, à la ville comme à la campagne, de leur décoration extérieure et intérieure, de leur ameublement. Mais, particulièrement dans la région de Pertuis et d'Apt, avec Villelaure, avec la Tour d'Aigues, avec Gordes, dans celle des Alpilles aussi avec les Baux et, à Saint-Rémy, la tour du Cardinal qu'il était sur le point d'acheter pour la préserver d'une destruction fatale, il reste de magnifiques vestiges des constructions du xvie siècle, ruines pour la plupart, disparaissant de jour en jour : une façade, une fenêtre moulurée, un puits. Ces ruines, puisqu'il est impossible de les sauver toutes, que nous en gardions au moins l'image et, sous cette image, quelques mots de leur histoire. Ainsi l'album aurait paru, par fascicules, au fur et à mesure que des reproductions auraient été faites et de courtes notices rédigées. Le premier de ces fascicules est tout prêt; c'est celui qui concerne Lourmarin. De tous les travaux commencés par lui, celui-ci doit être, le premier, continué et mené à bonne fin par les amis de Laurent-Vibert, parce que ce fut une de ses idées les plus chères et que, de plus, cette entreprise me paraît entièrement répondre à la haute préoccupation artistique qui lui inspira la fondation de Lourmarin.

— Cette fondation, il l'a établie par son testament en date du 10 mars 1923. En voici l'essentiel :

Je lègue à l'Académie des Sciences, Agriculture et Belles-Lettres d'Aix-en-Provence, rue du 4-Septembre, à Aix :

1º Le château de Lourmarin, toutes terres, tout ce qui y est contenu et tous biens généralement quelconques possédés par moi dans la dite commune.

2º Tous les livres, gravures, tableaux, dessins, autographes et en général tous les meubles actuellement existant au 15 du boulevard des Belges (à Lyon) destinés à être transportés et installés au château de Lourmarin...

Ce legs est fait à l'Académie d'Aix à charge pour elle de constituer une fondation, sous le titre de : Fondation de Lourmarin Laurent-Vibert...

Cette fondation serait administrée par un Conseil composé, en dehors de M. le Président de l'Académie, président, des personnes suivantes (suivent dix noms). Les revenus de l'immeuble du boulevard des Belges serviraient à l'entretien du château. Les sommes en excédent seraient utilisées chaque année, suivant les disponibilités et par une décision prise par le Conseil à la majorité des membres, à recevoir à Lourmarin, pendant deux ou trois mois au plus, un ou plusieurs jeunes artistes, savants, littérateurs qui seraient pendant ce séjour défrayés de toutes dépenses...

J'exprime d'avance à l'Académie d'Aix ma gratitude pour l'aide qu'elle apportera dans la création, sur la terre provençale, d'une fondation qui contribuera modestement mais efficacement à sauvegarder l'art et la pensée de la Patrie.

C'est donc l'Académie d'Aix que Laurent-Vibert a choisie pour être le support juridique — absolument nécessaire en l'état actuel de notre législation — qui permettra à la fondation de se constituer et de vivre. Il était des nôtres depuis 1922, ayant ainsi tenu, dès le début de son établissement en Provence, à marquer son attachement pour nos vieilles institutions régionales. Aix était toujours pour lui la capitale du Comté et Etat souverain de Provence, uni à la France et non subalterné, uni à la Couronne, « non pas comme un accessoire à un principal, mais comme un principal à un autre principal ». Aix qui fut le siège du gouvernement de la Province, de l'Archevêché, de l'Université et des Cours souveraines, est demeurée la capitale intellectuelle de ce pays.

Au début du XVIIᵉ siècle, un conseiller au Parlement, Nicolas-Claude Fabri de Peiresc, l'ami de Gassendi et du pape Urbain VIII, a fait d'Aix, suivant l'expression d'un contemporain, le boulevard de l'Europe savante. Comme dit Vibert lui-même, dans son chapitre de *Routiers, pèlerins et corsaires*, sur Galaup-Chasteuil, le Provençal solitaire au Mont-Liban : « il y eut pendant quelques années, dans ce canton privilégié, au creux de cette vallée en berceau que domine de son architecture impériale la montagne de Sainte-Victoire, gardienne du triomphe latin, une vie intellectuelle intense, une sorte de coulée forte et drue de sève française et provençale ».

La tradition s'est continuée. N'est-il pas tout à fait remarquable qu'aux environs de 1840, la ville d'Aix ait compté dans le même temps jusqu'à dix membres de son Académie faisant partie de l'Institut de France et aussi que deux grands apôtres du régionalisme dont les doctrines ont inspiré le mouvement contemporain, Charles de Ribbe et Léon de Berluc-Perussis aient, l'un et l'autre, pendant de longues années, appartenu à notre Compapagnie ? Cette Académie d'Aix, qui prit naissance en 1751, sous le nom de *Société littéraire*, fut définitivement constituée telle qu'elle est actuellement en vertu d'une ordonnance royale du 5 avril

1829 qui la reconnut d'utilité publique. Elle peut donc avoir un patrimoine. Indépendamment des nombreux prix de vertu et des pensions ouvrières qu'elle a charge de distribuer chaque année, l'Académie d'Aix décerne tous les cinq ans *le prix Thiers*, pour un ouvrage intéressant la Provence ou écrit par un Provençal et *le prix Mignet*, pour un ouvrage intéressant Aix et sa région. Elle est installée dans le bel hôtel que lui légua avec de riches collections le bibliophile Paul Arbaud, et sa bibliothèque est, avec la Méjanes, le plus important dépôt de manuscrits, de documents, de dossiers généalogiques, d'estampes concernant la Provence.

C'est en plus un Musée, surtout au point de vue des faïences de Moustiers, de Marseille, d'Apt. Elle est aussi la gardienne de nos monuments. Souvent elle est intervenue, notamment pour le beffroi de l'Hôtel de Ville d'Aix, dont une municipalité avait décidé la démolition, afin d'obtenir de la Direction des Beaux-Arts un classement préservateur. Et c'est pour toutes ces raisons que Laurent-Vibert l'a choisie pour être la propriétaire et la protectrice du château de Lourmarin comme des richesses que cette demeure renferme.

La collection de livres qui comprend de 10 à 12000 volumes est logée dans une dizaine de salles toutes, sauf une, dans la partie de l'édifice dite : le château vieux et qui, de par leur agencement, ne sont pas seulement des magasins, mais des salles de travail indépendantes les unes des autres, chacune avec son nom qui indique sa spécialité : « Références, Italie-Provence, Littérature, Voyages, Histoire, Beaux-Arts, Sciences», etc. Sous le rapport des références et des dictionnaires, l'essentiel y est qui permet une première documentation avec des ouvrages tels que le *Manuel du Libraire* de Brunet, d'autres manuels de bibliographie principalement historique, les livres indispensables à l'érudition, comme l'*Art de vérifier les dates*. Beaucoup de textes dans les éditions les plus sûres, telles pour les classiques grecs et latins que la *Guillaume Budé*, que celle des *grands écrivains de la France* pour les classiques français, collections qu'il importera de continuer. Les fonds italien et provençal n'ont commencé à être constitués que depuis peu d'années, lorsque Lourmarin a été achevé et habitable ; aussi les peut-on passer sous silence pour en venir tout de suite au vrai trésor de cette bibliothèque, à ce qui en fait la rareté et la spécialité : la collection si complète, si judicieusement formée, des livres de voyages et principalement de voyages en Orient. Beaucoup d'ouvrages historiques aussi, principalement des Mémoires ; beaucoup plus de raretés et de curiosités sous ce rapport que pour la littérature, la philosophie et la théologie. Point de fatras ; celui qui a présidé au choix de cette librairie était de la lignée des amateurs d'autrefois, érudits et savants en même temps qu'hommes de goût et qui collectionnaient leurs livres pour les lire. Est-il besoin d'ajouter que l'ex-libris qui est sur le plat intérieur de chaque volume emprunte la formule qu'avait adoptée son compatriote Jean Grollier, car Laurent-Vibert pensait comme Grollier que les livres d'un homme de cœur sont aussi à ceux qu'il aime : *Ex libris R. Laurent-Vibert et Amicorum.* Il y a également dans la section des Beaux-Arts beaucoup d'ouvrages très précieux, des grands papiers, des éditions de haut luxe telles que *les Elégies de Desbordes-Valmore* illustrées par Ch. Guérin, *le Neveu de Rameau,* de Naudin, bien d'autres encore.

A ces dix ou douze mille volumes, ajoutons les portefeuilles d'estampes : 3.000 gravures ; toute l'œuvre de Della Bella et de Piranesi, des Dürer, de beaux dessins à la sanguine du XVIIIe siècle, des dessins de Puvis de Chavanne, une gouache admirable de Delacroix, des estampes japonaises et enfin aux murs de très belles œuvres d'art, une vierge de l'école de Benozzo Gozzoli, une crucifixion de l'école napolitaine de la fin du XVIe siècle, une grande terre cuite dans le style de Jean Goujon, une grande tapisserie à personnages du XVIe siècle, une précieuse collection d'environ soixante vases persans et de verres de Venise, deux toiles de Ch. Guérin, toute l'œuvre documentaire de Ch. Martel et je dois citer enfin les autographes et plus de 10.000 photographies d'œuvres d'art et de voyages.

Tel est le don magnifique que Laurent-Vibert a fait à son Pays, à ce vieux pays de France qu'il aima si passionnément, à cette terre provençale qui l'avait attiré et charmé, à la *Comtesse* qu'évoque Mistral et dont le maître de Lourmarin fut un des plus fervents chevaliers.

E. AUDE.

LA MORT

Laurent-Vibert était tout à ses projets de grande politique, de publications et de voyages. C'était au printemps 1925, il arrivait d'Amérique et rêvait déjà d'y repartir ; il méditait une expédition archéologique vers sa « ville inconnue », immense ruine romaine qu'il avait découverte dans son dernier voyage au désert de Syrie. Il employait ses loisirs à restaurer Lourmarin et, comme il faisait tout avec passion, il en poursuivait l'aménagement avec acharnement, mais avec cette mesure et cette parfaite ordonnance qui donnaient à ses œuvres un caractère personnel de plénitude définitive et de parfaite eurythmie. Peut-être cherchait-il aussi la forme de son intervention dans la politique de la France, où il aurait apporté cette clarté de son esprit désintéressé et son sens rigoureux des réalités, qualités essentielles de ceux appelés par les peuples à la dignité de les conduire. Sa souveraine amabilité, son activité inlassable et la sûreté de son jugement le faisaient rechercher plus que jamais par ceux qui l'avaient approché ; il était en pleine possession de la maturité de son talent et rien ne semblait devoir interrompre l'œuvre qui n'était déjà plus une ébauche.

Le 19 avril, il revenait de Lourmarin, par cette route de la vallée du Rhône qu'il aimait tant ; il était accompagné de son ami Georges Crès, l'éditeur parisien, et son automobile marchait à cette allure qui effrayait ses amis, mais dont il se désintéressait, ne considérant dans la rapidité des déplacements que la possibilité de mener à bien plus d'entreprises. Près de Loire, à quelques kilomètres de Givors, la machine dérapa et, après plusieurs embardées, se retournait, lançant Laurent-Vibert et son ami à quelque vingt mètres. Alors commence le douloureux calvaire des multiples transbordements pendant lesquels il ne se départit pas un instant de son sang-froid, dissimulant ses souffrances pour ne s'occuper que de celles de son compagnon. Au matin il était enfin à la clinique Saint-Charles, à Lyon, où j'accourais à son chevet avec ses autres amis prévenus en hâte.

Crès semblait à l'agonie, Laurent-Vibert ne paraissait atteint que superficiellement. Du reste, il conservait un tel empire sur soi-même, s'occupant de ses affaires commerciales et même continuant l'exercice de son inépuisable charité, qu'il était des plus facile de se méprendre sur son état. Il luttait avec sa grande âme, dominant le mal et espérant le vaincre, avec sa seule énergie. Je le vois encore, le mardi, dictant le communiqué à la presse dans lequel il démentait la gravité de son accident qu'avaient annoncée les journaux de la veille.

Deux jours se passèrent ainsi, l'état de Crès devenait moins alarmant ; celui de Laurent-Vibert le semblait aussi, l'espoir renaissait vraiment pour tous deux.

Mais le mercredi, à mon accoutumée, j'étais seul avec lui pendant l'heure du repas de midi, il m'avait accueilli dans une demi-somnolence, ne s'intéressant déjà plus aux oiseaux et aux fleurs qu'il avait près de lui, et dont il s'égayait quelques heures plus tôt, car il les chérissait comme les plus charmants des compagnons. Puis secouant sa torpeur, il m'attira près de lui, et la main dans la main, il commença à me faire ses dernières recommandations. Comme je l'interrompais en plaisantant, pour éloigner de lui cette obsession, il me reprit doucement et continua à me parler des projets qu'il voulait voir réalisés après sa mort. Une visite interrompit notre conversation, mon ami reprit son attitude souriante et calme, mais je sortis bouleversé et je me rendis compte qu'il se sentait perdu et était bien le seul à le savoir.

Le lendemain son état commençait à empirer, mais il dissimulait sa souffrance et luttait toujours ; puis une intervention chirurgicale était décidée et le dimanche soir, 26 juin, il expirait, à 23 heures et demie, au milieu de ses amis éperdus. Pendant ses dernières heures, il continua à montrer la grandeur de son âme en s'efforçant d'amoindrir notre peine, il nous réunit autour de son lit, voulut encore nous présenter à l'abbé Remillieux qui l'assistait et pour lequel il avait une affection toute particulière, puis, quand il sentit la mort le prendre, il nous appela pour un dernier adieu et s'endormit paisiblement.

Il était mort dans le calme de l'amitié et avec la sérénité qui fut celle de toute sa vie. Comme le Sage, il demanda, quand ses mains glacées nous étreignaient encore, si c'était là la mort ; et il ajoutait : «Verrai-je encore la lueur du jour ?». Cette lumière que recherchait son âme claire était le besoin de sa vie ; ses yeux qui s'étaient rassasiés du ciel de la Provence ne pouvaient encore s'habituer à l'ombre qu'ils sentaient venir. Mais il accepta cette amertume avec sa résignation de chrétien, sa pensée détachée de la terre était retournée à la source de toute vérité. Peut-être sentait-il maintenant qu'il quittait l'humaine clarté des jours pour retrouver les clartés éternelles.

La brutale machine avait tué notre Ami, et notre pauvre vie mortelle devra s'achever sans lui, alors qu'à ses côtés elle aurait été si douce et meilleure.

Mathieu VARILLE.

II

QUELQUES ENTRETIENS

J'AI souvent causé avec Laurent-Vibert, pendant la guerre
et depuis. Je l'avais rencontré à Salonique au début de 1917 et
m'étais occupé avec lui des questions qu'il traitait au Bureau commercial de l'Armée française d'Orient. Puis, après la chute du
roi Constantin, je l'avais indiqué au gouvernement hellénique
comme particulièrement qualifié pour débrouiller les complica-
tions du ravitaillement. Il vint à Athènes et, en une dizaine de
jours, il comprit où il fallait porter l'effort pour simplifier les services d'un ministère alourdi par le poids des paperasses. Le rapport qu'il écrivit à cette occasion était un modèle de clarté et d'esprit. Il y indiquait d'une façon précise ce qu'il fallait retrancher,
et ceux qu'il fallait retrancher. Il reçut force compliments, mais,
son rapport terminé, il retourna à Salonique, et je n'eus pas la
joie de l'avoir comme collaborateur. D'autres diront bien mieux

que je ne puis le faire les multiples aspects de sa belle intelligence. Si je crois devoir ajouter ma contribution à celle de ses autres amis, c'est que, depuis la fin de la guerre, j'avais remarqué chez lui plus que chez aucun autre la volonté de comprendre son époque et de la relier au passé. Son œuvre à peine ébauchée a été brutalement arrêtée et, quelque parfaits que puissent être ses premiers ouvrages, ce n'est pas à eux que je veux m'en prendre. C'est à sa personne. Pour moi, Laurent-Vibert réalisait dans sa vie le plus bel idéal d'un Français de 1925. Je voudrais montrer aux hommes de son âge, et à la génération qui vient, en quoi il a mérité d'être pris pour un modèle par les meilleurs d'entre nous.

La France a conservé de sa longue éducation classique le goût des idées générales et des types humains. Si loin que nous regardions, nous voyons notre peuple tendre vers ce qui le détache de la médiocrité quotidienne et synthétiser l'idée-force en une personne : le roi, le chevalier, le légiste, l'humaniste, l'honnête homme, l'ami des lumières, le patriote, le fonctionnaire, l'ingénieur. A mesure que nous nous rapprochons des jours que nous vivons et spécialement de «l'Entre-deux-Guerres», notre idéal national s'est trouvé en conflit avec notre idéal humanitaire, et si quelques-uns proposaient à la jeunesse le rôle social de l'officier, d'autres, dont les voix étaient hautes, concevaient uniquement sur le plan international l'avenir de la France. La guerre vint. Tout le monde fit son devoir. Mais, au lendemain de la victoire, les uns ne voulurent être que Français et d'autres, ardents citoyens du monde, attendaient de la suppression des frontières, des croyances, des intérêts particuliers, une renaissance universelle sous le signe de la justice.

Laurent-Vibert pensa qu'on pouvait allier la tradition au modernisme, le culte du passé à la foi dans l'avenir, la connaissance de nos ancêtres, de leurs espoirs et de leurs œuvres à la participation française dans la construction qui s'échafaude. Il estimait qu'il n'est point de table rase, d'histoire née du vide, de société bâtie sur les nuées et ne croyait pas mésestimer l'effort d'une génération en la liant aux générations précédentes. Il avait reçu l'enseignement de Rome, connu la majesté et la tristesse du Palais Farnèse, médité dans le paysage dont les pins parasols sont comme des grains de beauté et il était néanmoins l'ennemi des ruines, un prodigue de l'effort personnel, un amoureux de la volonté créatrice. La littérature française se plaît depuis cent ans à représenter les traditionnels comme des fossiles et les révolutionnaires comme inadaptables à la société raffinée. Notre ami ne voulait rien ignorer du passé et tout espérer de l'avenir. Avait-il un philtre miraculeux pour incarner en lui deux hommes qui, au XIXᵉ siècle, n'ont jamais pu s'entendre ? Non, pas un philtre — personne n'était moins mystique que lui —, mais une méthode. Il étudiait le passé et discutait les problèmes du temps présent avec objectivité. Point de sophismes dans son idéal. Il ne croyait pas qu'un paradis égal pour tous dévoilerait soudain, sur l'initiative d'un sage législateur, ses perspectives délicieuses. Imbu de fermeté cartésienne, il redoutait les mirages de l'humanitarisme. Il admirait les résultats de la politique coloniale française et trouvait que, si l'on pouvait avant le traité de Versailles discuter l'opportunité de créer un empire au delà des mers alors que l'Allemagne occupait Metz et Strasbourg, il n'était plus permis, depuis 1919, à un Français d'ignorer le travail mondial de nos explorateurs, de nos officiers, de nos administrateurs et de nos commerçants. Il fallait donc réformer l'enseignement des idées générales de la politique française et apprendre à nos frères plus jeunes à tirer parti de l'effort merveilleux de leurs aînés. Un soir, à Belgrade, au retour de son voyage de Syrie, nous parlions de ces questions, vitales selon lui pour l'avenir de notre civilisation, et j'étais amené à lui raconter mes souvenirs sur les débuts de la pénétration française au Maroc. Ce que je lui dis confirma chez lui la conviction que toute œuvre importante a besoin, pour être acceptée par une collectivité, d'une doctrine qu'exposent — j'allais dire que prêchent — quelques individus ayant le sens de l'apostolat. Ainsi s'établissent de solides fondations. La foule vient ensuite qui construit les murailles.

Poursuivant son idée, Laurent-Vibert me faisait remarquer que, dans notre démocratie française, il y avait des représentants de tous les intérêts particuliers, mais que les défenseurs des intérêts généraux du pays étaient clairsemés et soutenus presque exclusivement par leur bonne volonté. Souvent les missions qu'ils se donnaient à eux-mêmes les trouvaient médiocrement préparés à les remplir. De plus, dans le conflit inévitable de l'intérêt général avec l'intérêt particulier, c'est celui-ci, contrairement à la bonne marche des affaires, qui est le pot de fer. Entre une gloire incertaine, récompense du dévouement à la France, et la rémunération certaine qui attache les meilleurs techniciens à la défense d'affaires privées, bien petit est le nombre de ceux qui hésitent. Faut-il ajouter que, parmi les affamés de gloire, il en est beaucoup auxquels leur imagination trop développée fait perdre de vue les réalités, ce qui permet aux esprits rassis de ne pas les prendre au sérieux ?

Notre ami ne pouvait être récusé par aucun technicien. Commerçant, industriel, imprimeur, administrateur, styliste, il ne laissait rien dans le vague. Il connaissait les statistiques, les lois ouvrières, la typographie, et savait à l'occasion écrire un « à la manière de Racine» que le poète de *Bérénice* n'eût pas désavoué, ou mettre en proverbe digne de la Comédie Française le *Point de lendemain* de Vivant Denon. Il semblait la réincarnation d'un de ces imprimeurs lyonnais du XVIe siècle, Rouille, Dolet ou Gryphe, qui, nourris des lettres antiques et épris de perfection moderne, diffusèrent les pensées d'ordre et d'harmonie dans le milieu le plus agité qui fût jamais. C'est leur idéal de transformation des philosophes grecs, des poètes et moralistes latins en virile et féconde sagesse française qui donna à notre pays, pendant deux siècles, la pacifique hégémonie de l'esprit en Europe.

Telle était l'idée générale dont Laurent-Vibert se sentait le servitcur et qu'il aurait voulu largement répandre dans notre patrie troublée par des élans généreux et par des rêves vagues. Il sentait que, depuis la guerre, l'idéalisme avait faibli chez nous. Mais il savait par l'étude du passé que, sans idéalisme, la France est un corps sans âme, et il ne croyait pas que notre originalité dût se dissoudre dans l'Union des peuples de l'Europe. Il espérait, au contraire, que la clarté et l'esprit de la Méditerranée s'imposeraient à l'univers.

Puissent les pensées de notre ami, que je dédie à ceux qui ne l'ont pas connu, aider à ramener, dans l'Europe préoccupée de l'avenir de son pain quotidien, assez de fermeté morale, assez de conscience technique, pour triompher de l'apostolat des envieux. Dans les rues de Salonique où se coudoyaient, en 1917, des soldats de toutes les races, et où la variété des teints et des uniformes châtoyait en un microcosme bariolé, je me promenais souvent avec Laurent-Vibert. Nous parlions un jour de cette ville convoitée, placée en un point sensible de l'univers ethnique, et de la connaissance qu'avait l'apôtre Paul du caractère des Thessaloniciens. N'est-ce pas à eux que fut adressée la double injonction : «Soyez toujours joyeux. N'éteignez pas l'esprit» ? Notre ami avait aimé ces paroles. Elles résument l'enseignement qu'il aurait donné à une génération qui a peur du lendemain, parce qu'elle pense au bien-être matériel par-dessus toute chose.

Robert DE BILLY.

L'HOMME D'AFFAIRES[1]

Le génie de Laurent-Vibert était fait d'un goût intense des réalisations, secondé par une activité sans repos, et d'une intelligence merveilleuse d'adaptation et de compréhension. Aussi devait-il passer avec la plus grande aisance du domaine des Lettres dans l'Industrie et le Commerce.

Appelé en 1911 à seconder son père adoptif, il se mit avec ardeur au travail, et quand, un an après, en juillet 1912, mourait M. Vibert, il prenait avec maîtrise la direction de la Maison dont la prospérité est le meilleur témoignage de la valeur du chef.

Laurent-Vibert nous a donné, dans une conférence faite en 1921 à la Société des Amis de l'Université, sur *les Affaires et la Pensée*, ses vues sur les rapports entre la culture générale et les

1. Laurent-Vibert était président du Syndicat de la Parfumerie, qu'il avait fondé à Lyon ; il était Conseiller du Commerce extérieur.

affaires et les qualités essentielles du chef de Maison ; en outre, une collaboration très étroite et très confiante m'a permis de connaître ses méthodes de travail et de l'apprécier comme patron.

Il pensait — et dans le choix de ses collaborateurs il l'a toujours montré — que la culture générale était utile à l'homme d'affaires, mais il sut de suite discerner les différences du travail intellectuel et du travail d'affaires ; alors que celui-là exige du temps, des recherches patientes et minutieuses, celui-ci veut la rapidité dans l'étude et l'esprit de décision, « prendre toujours et dans un délai court une décision ». Ceux qui ont travaillé avec lui savent l'art avec lequel il débroussaillait une question complexe, la vivacité de son exposé, la netteté de sa décision et son désir d'une exécution prompte. Mais il estimait qu'un chef ne devait pas s'occuper des détails de l'exécution qui étaient du ressort de ses subordonnés. A ce régime, dix jours par mois de présence à son bureau lui suffisaient pour tout connaître et tout diriger. Il répétait qu'il ne convenait pas qu'un patron ait une besogne matérielle à remplir, qu'il lui appartenait de donner ses directives à des collaborateurs soigneusement choisis et bien rétribués et d'arbitrer les difficultés qui lui étaient soumises. Il aimait à citer le mot du duc de Choiseul : « Un ministre a assez d'encre dans son encrier, quand il en a pour signer son nom ». Il se plaisait aussi à rappeler cette parole de Talleyrand : « Si cela va sans dire, cela ira beaucoup mieux en le disant », et cette précision qu'il apportait dans la rédaction des contrats n'était pas sans satisfaire mon esprit juridique.

Il notait également une deuxième différence entre le travail intellectuel, naturellement désintéressé, et le travail des affaires où il faut « voir les choses d'abord et essentiellement à son point de vue ». C'était dire qu'un commerçant a le devoir absolu de défendre ses intérêts, de considérer le commerce comme une lutte, courtoise le plus souvent.

Laurent-Vibert était un optimiste, et si cette confiance exagérée dans les événements est un puissant ressort dans les affaires, elle est parfois la cause d'erreurs ; notre ami était le premier à le reconnaître, car il n'avait aucune vanité, aucun amour-propre mal placé ; il a écrit : « On se trompe parfois, souvent même. Peu importe. Il faut seulement que la somme des erreurs soit moindre que la somme des décisions justes ». Il savait d'ailleurs faire son profit de l'expérience, et il avait constaté que, dans la pratique des affaires, la logique et les raisonnements sont souvent en défaut, parce que des circonstances imprévues viennent se glisser dans le mécanisme des déductions les plus rigoureuses.

Je ne serais pas complet si j'oubliais de parler du charme et de la séduction que Laurent-Vibert exerçait, même dans les affaires, sur ses interlocuteurs ; que de succès au cours de ses voyages à l'étranger a-t-il dus à cet attrait incomparable de sa conversation riche en idées, fertile en souvenirs, agrémentée d'anecdotes spirituellement racontées. Et cet ascendant se traduisait par des contrats avantageux pour sa maison.

Enfin, Laurent-Vibert estimait qu'il est un devoir impérieux pour l'homme d'affaires : c'est celui de protéger la civilisation française en la personne de ses artistes, de ses savants, de ses écrivains, et en leur procurant des instruments de travail, laboratoires, bibliothèques, publications, bourses de voyages. Il a magnifiquement donné l'exemple ; il ne revenait presque jamais de Paris sans m'avouer une contribution plus ou moins déguisée sous forme de participation ou de souscription d'actions à une œuvre littéraire et artistique.

Il m'est plus agréable encore de parler de Laurent-Vibert comme patron dans ses rapports avec son personnel. S'il avait été capable d'avoir quelque haine, il l'aurait manifestée contre le patron implacable qui ne voit dans ses ouvriers et employés qu'un élément de son prix de revient, s'efforçant d'en tirer le plus de profit au moindre prix. « Entre l'employeur et l'employé, a-t-il écrit, il doit y avoir compréhension, entente. Il ne peut y avoir de bons résultats que s'il y a harmonie, je dirais même affection, entre le chef et les collaborateurs ».

Laurent-Vibert a été un patron plein de bonté, s'intéressant à ses subordonnés, à leurs peines, à leurs difficultés, les aidant chaque fois qu'il le pouvait, avec gentillesse et simplicité. Cela lui était facile, car il avait une affection particulière pour les petites gens auxquels il accordait son estime et son admiration. Je dois dire qu'on le lui rendait en déférence et dévouement, et l'on n'abusait point de sa bonté. Il savait d'ailleurs sévir si l'on avait trahi sa confiance, il le faisait alors sans éclat, mais avec fermeté. La fin de chaque année lui apportait la joie toujours renouvelée de récompenser ses collaborateurs, les plus élevés comme les plus modestes, il les recevait chacun en particulier, s'entretenait avec eux en toute affection, augmentait leurs appointements et leurs salaires en y joignant une gratification importante, sans oublier un traditionnel cornet de chocolat. Puis, le premier jour de l'année, c'est à sa villa, à la fin de la matinée, que se donnaient rendez-vous directeurs, voyageurs, personnel de bureau, contre-maîtresses, délégation des ouvrières, précédés de deux magnifiques gerbes de fleurs ; alors, Laurent-Vibert les accueillait comme des amis, on échangeait des vœux pleins de sincérité et de cordialité ; il passait en revue les événements de l'année, la marche de la Maison, le développement des affaires, parlait de ses voyages et rappelait avec les anciennes ouvrières de vieux souvenirs ; enfin, avant de leur rendre la liberté, il leur annonçait qu'il irait déposer leurs fleurs sur la tombe de ses parents, fondateurs de la Maison.

Laurent-Vibert fut un incomparable patron, l'ami de ses collaborateurs et leur soutien.

A. PRELLE.

LA PENSÉE POLITIQUE DE LAURENT-VIBERT

ON desservirait la mémoire de ce pur Français, en taisant que ses premiers élans s'orientèrent presque à contre-sens du *credo* politique qu'il devait faire sien — dans la pleine force de sa pensée —, de toute l'adhésion de son intelligence d'historien et de son cœur de patriote.

A le bien prendre, en effet, nul spectacle n'apparaît plus réconfortant ni ne commande le respect davantage : un jeune esprit, trop généreux pour se réserver, s'enflamme pour l'humanitarisme du XVIIIe siècle et les conquêtes de la Révolution le jour où l'enseignement universitaire propose à son enthousiasme de lycéen cet apogée officiel de l'histoire de France. Mais l'homme d'étude et d'action élargit cet horizon à tout le champ de notre histoire, des réalisations de la France dynastique à celles de notre Troisième République ; à ses yeux, une immanente mission séculaire s'avère dévolue à la France — remplie, malgré qu'on en ait, par la monarchie de jadis —, mise en péril par l'orthodoxie et la politique gouvernementales du jour. Dès lors, tenant sa certitude, il récuse ses premiers enthousiasmes et tend la main aux seuls Français qui, au-dessus des intérêts de l'individu, du parti, voire du régime, surélèvent la France éternelle.

C'est cette démarche d'une pensée — la plus incapable de frauder et de composer qui fût jamais — que nous voudrions jalonner, apercevant dans son revirement non une palinodie, mais l'acte d'une probité supérieure et — beauté qui va se perdant — l'affirmation d'un caractère.

Vingt ans peut-être après sa sortie du lycée, j'entends Laurent-Vibert nous dire, avec un sourire qui rectifiait l'outrance de la formule : « Tout de même, je suis parti du socialisme ! ».

Boutade partielle que cette profession de foi, mais vérité partielle aussi ! — Le souvenir de l'amour-propre que, orphelin, Laurent-Vibert avait mis à réussir au concours des bourses de l'enseignement secondaire dans une pensée délicate à l'égard de ses parents adoptifs, et le sentiment que cette adoption l'avait privilégié, inclinaient dès le lycée sa pensée vers la classe sociale que ni la fortune, ni l'instruction, ni l'éducation n'avantagent et, dans le domaine de nos lettres et de notre histoire, acquéraient ses préférences à tous ceux qui avaient travaillé à soulager, libérer et élever cette classe-là.

De tels soucis chez Laurent-Vibert adolescent, dès 1901,

certains libres choix témoignent, certaines pages aussi, signées de son nom.

Entre les trois sujets offerts au choix des candidats pour la dissertation française aux deux parties du baccalauréat, chaque fois, d'instinct, il choisit celui qui se trouve exalter ses intimes sympathies sociales. En rhétorique, c'est le commentaire du mot de Saint-Simon sur le règne de Louis XIV : « Ce fut un règne de vile bourgeoisie ! ». A la sortie, Laurent-Vibert déclarait : « O la joie de glorifier Colbert, le fils d'un petit marchand drapier ! ». En philosophie, j'entends encore son reproche amical à l'issue de l'épreuve : « Comment peut-on choisir « les conflits du droit et du devoir », quand « la solidarité sociale » vous est offerte ? ».

« Frêles indices que ces options ! » allègueront ceux qui — faute d'avoir frayé avec Laurent-Vibert lycéen — auront souri au rapprochement de ces deux termes : Laurent-Vibert socialiste. Pour ces incrédules, voici des textes où sa pensée avoue de semblables sollicitudes — textes recueillis avec amour par cette « lycéenne », notre condisciple depuis la classe de 3e : la revue lyonnaise *Athéna*.

C'est d'abord, en 1901, *la Conférence sur l'évolution des idées en France au XVIIIe siècle*, pages qui méritèrent au rhétoricien de dix-sept ans, le deuxième prix de composition française au Concours général entre les lycées de France.

« Au XVIIIe siècle, développe Laurent-Vibert, les fonde-

ments du règne de Louis XIV, principe de droit divin et inéga-
lité des conditions », ne réussissent plus à « anéantir dans l'esprit
de l'homme la notion de ses droits, ni à étouffer dans son cœur la
voix de la nature qui, au nom de la raison, lui disait qu'il était libre et égal aux autres hommes ». Justement, ç'allait être l'hon‑
neur du siècle des philosophes, que d'appeler à la vie « *l'humanité*
(c'est Laurent-Vibert qui dans sa copie a souligné le mot) dans le
sens d'amour qui s'étendait non seulement à la France, mais à
tous les hommes, sentiment de solidarité européenne que le tempérament français épura et dont il fit la solidarité sociale ». Suit
l'éloge de Montesquieu, de Voltaire, de Rousseau, de Diderot,
pour avoir soit aidé à l'avénement de cette tendresse pour tout ce
qui a visage humain, soit déduit de cette tendresse même le co-
rollaire de la sainte Egalité. Les conclusions sont catégoriques :

« Nous devons être d'autant plus reconnaissants pour les
hommes du XVIIIe siècle que c'est de leurs conceptions que sont
sortis la République et ce chef-d'œuvre de clarté et de force : la
Déclaration des Droits de l'Homme et du Citoyen ».

En 1903, c'est l'étincelante *Soirée chez Rivarol* qui valut à
Laurent-Vibert le prix d'honneur au Concours général, concours
qui réunissait, cette année-là, les rhétoriciens supérieurs de la
province et ceux de Paris.

Hors frontières, en le plus sang bleu des salons d'émigrés,
Rivarol achève de verve une de ses diatribes coutumières contre
la Révolution française, quand, une gazette viennoise à la main,

un jeune vicomte se lève : « — Vous allez voir, dit-il, un émigré faire l'éloge de la Révolution. C'est un spectacle peu banal! ». Et voici, résumée, l'apologie que Laurent-Vibert prête à cet «émigré jacobin » : Le témoignage non suspect des propres gazettes autrichiennes atteste quel enthousiasme déchaîne chez les peuples le passage des armées de Bonaparte et de Jourdan. Voilà le fait qui a dessillé les yeux de notre vicomte et la pierre de touche à quoi juger d'une révolution. La Révolution française rallierait-elle ainsi les suffrages des populations étrangères si, comme l'imagine la sottise des émigrés, elle ne procédait que des rancunes des classes pauvres contre les classes privilégiées ? Or elle fructifie parmi les nations : C'est qu'elle se réclame de cette justice idéale au nom de laquelle le XVIIIe siècle mena l'assaut contre les préjugés nés de la tradition ; c'est qu'au lieu de se tourner vers le passé, comme firent à tort les révolutions d'Angleterre, elle s'appuie sur les droits de l'Homme. — La Terreur a son excuse : elle leva la France de 93, la jeta aux frontières et brisa l'agression de l'Europe coalisée. Louis XVI, malgré le loyalisme longtemps persévérant de son peuple, n'eût rien pu, n'ayant plus cet étai du trône des rois : une aristocratie consciente de sa mission. La grande coupable — et le *mea culpa* est savoureux sur les lèvres d'un aristocrate — c'est en effet la noblesse française. Elle a révoqué la légitimité de ses droits féodaux en désertant son devoir terrien de protectrice des chaumières pour l'oisiveté salariée de la cour et l'ironie élégante aux dépens du roi et de ses ministres.

En quoi, elle seule porte le poids de la guerre faite aux Châteaux. Noblesse oblige! En manquant à leur devise ancestrale, les nobles ont légitimé le vieux rêve du serf de la glèbe : posséder le sol. Tant pis pour les émigrés de Coblentz, si, dans l'aveuglement de leurs rancœurs, ils ont refusé d'écouter Mallet du Pan et n'ont pas eu le patriotisme de sauver la France, en inscrivant au seuil du manifeste précédant les armées royalistes le maintien de la terre aux mains des paysans!

L'on corroborerait les enthousiasmes civiques de ce vicomte, en leur raccordant ceux, plus prophétiques, que Laurent-Vibert prête à Edgard Quinet dans telle *Lettre à sa mère* proposée comme sujet de la composition française au concours d'entrée à l'Ecole Normale Supérieure en 1903, lettre écrite par Laurent-Vibert quelques jours après sa *Soirée chez Rivarol*, et qui mérita à sa copie d'être classée, cette fois encore, la première de l'épreuve.

Sans nul doute, l'appréciation des idées personnelles de Laurent-Vibert en fonction de toutes ces copies de concours appelle une réserve préalable ; le sujet de tout concours est imposé et insinue donc des conclusions qui ne peuvent guère être chez le lycéen, dont la seule expérience est, ou peu s'en faut, l'expérience livresque, surtout chez un demi-pensionnaire auquel la bibliothèque du lycée fournissait ses livres, que les conclusions mi-officielles, mi-scientifiques des manuels de l'enseignement secondaire. Il est bien sûr, dans le cas particulier, que ce n'est pas au dénigrement des concurrents que le jury proposait la croisade encyclopédique non plus que son aboutissant révolutionnaire.

Mais cette restriction une fois faite, déjà sur les bancs du lycée, Laurent-Vibert avouait cette irréconciliable probité d'esprit qui répugne à plaider l'antithèse de gaîté de cœur, quand c'est la thèse à qui le cœur va. Il nous souvient, par exemple, de telle composition trimestrielle en philosophie sur « Votre morale de prédilection » où Laurent-Vibert, exécutant de verve tous les systèmes de morale tour à tour étudiés en classe, d'Helvétius à Spencer et de Kant à Lévy-Brühl, optait pour la morale pascalienne, telle qu'elle émane des *Pensées,* système qui, justement, n'avait pas trouvé place dans les diverses éthiques passées en revue dans notre cours.

Déjà aussi, Laurent-Vibert allait aux textes plus qu'à leurs commentateurs et, par exemple, simple rhétoricien, il s'était jeté en passionné à même la forêt touffue de l'*Esprit des Lois.*

Déjà enfin, il s'était formé à la critique testimoniale et nous gardons, comme indice de cette formation, le texte intégral de cette *Etude sur les rudiments de la méthode historique chez nos quatre grands Chroniqueurs français,* qu'il avait composée en 1902.

Bref, honnêteté et méthode intellectuelles s'accordaient à préserver sa sincérité.

Mais encore, ses amis d'alors n'oublient pas quelle réponse sa modestie opposait à tous ceux qui venaient, en juillet 1903, le féliciter de tant de constance dans ses succès universitaires : « Vous savez bien que je n'avais étudié que la Révolution française ! Tous les sujets donnés m'ont favorisé ». Il y avait ainsi chez lui, de son aveu, curiosité, attrait pour l'état d'âme des révolutionnaires français. Aussi bien, telle fantaisie dialoguée : *Les deux générations 1848-1903*, qu'il déroulait selon son cœur dans l'*Athéna* de janvier 1903, accuse-t-elle d'analogues préférences, en exaltant au détriment de la jeunesse dilettante de son époque, les adolescents de 48 qui, eux, savaient descendre dans la rue.

De ce qu'entre dix-sept et dix-neuf ans, le futur disciple de Barrès et de Maurras magnifia mieux que l'élite des lycéens de France l'antitraditionnisme de notre XVIIIe siècle et la translation de propriété qui reste le fond permanent de la Révolution française, on a donc non pas le droit de conclure à la prouesse d'un rhéteur virtuose, mais le devoir de tenir tels plaidoyers pour exprimant, sinon les convictions, au moins les sympathies de Laurent-Vibert en 1901-1903. En douter serait faire injure au meilleur de cet esprit dont la première supériorité fut d'être toujours vrai avec soi.

Laurent-Vibert, voué par ses aptitudes à réussir en lettres, en art, en mathématiques, opta pour l'histoire. En quoi il discerna entre tous ses dons ce qu'il appelait avec simplicité « ses limites », entendez son génie intime.

Ce génie propre était l'action, au sens rayonnant du mot. Trop épris de l'homme et de la vie pour se retrancher longtemps dans la seule recherche spéculative ou scientifique, Laurent-Vibert ne se réalisait vraiment qu'en appelant un nombre toujours plus grand de ses semblables au partage des réserves de sa pensée et des initiatives de sa volonté et de son cœur. Repérant d'emblée votre capacité créatrice, il élargissait votre angle de vision et, vous révélant à vous-même, éveillait en vous des élans, puis les orientait. Ame de chef, s'il en fut, ordonnatrice, vivifiante, faite pour manier les êtres et, par les êtres, les événements. Ame d'éventuel homme d'état !

On le comprendra dès lors, ni l'art pour l'art, ni cette éducation du goût objet du culte des lettres selon la formule du *Pro Archia*, ni le cycle abstrait des mathématiques, ni celui de leurs applications utilitaires, n'auraient donné l'essor à ses puissances d'expansion et d'ascendant. Certes, Laurent-Vibert excella dans ces ordres d'études, chaque fois qu'il les aborda, mais, à faire de l'un d'eux l'ordre d'activité de sa vie, il se fût senti comme en vase-clos.

L'Histoire, elle, l'allait préserver de cet écueil : risquer de s'enkyster dans les confins d'une technique. Laurent-Vibert pressentait qu'en effet, l'historien, s'il est d'élite, même spécialiste d'une province de l'histoire, sait ne jamais être un spécialisé, mais qu'il déborde sa science, ne rompt pas avec la vie universelle, bref, demeure homme tout entier.

Ce souci de ne se donner qu'à une discipline qui n'allât raréfiant ni l'expérience, ni l'action les plus largement humaines, on le voit s'ébaucher, dès 1902, dans telles pages de sa dix-huitième année recueillies dans l'*Athéna* d'octobre sous le titre symbolique, *Harmonie*. Sans doute, alors, comme exemple de vie harmonieuse, Laurent-Vibert ne désigne-t-il pas nommément celle de l'historien. Mais s'il propose comme telles celle du médecin et celle du prêtre, c'est bien pour le contact que l'une et l'autre maintiennent avec l'humanité vivante et pour l'efficace qu'elles gardent sur cette humanité-là.

Pareille devait être, selon Laurent-Vibert, l'attitude de ceux qui se vouent à la carrière d'historien et c'est bien le pragmatisme qui, à ses yeux, conférait à leur vie une souveraine ordonnance. Qu'on relise plutôt les premières lignes du *Discours* qu'en 1911 il prononçait *à la Distribution des Prix du lycée Rouget de Lisle* à Lons-le-Saunier : « Vous entendrez dire autour de vous : l'étude du passé porte à la réflexion et non pas à l'action. C'est une erreur et je voudrais vous en convaincre... ».

Insister sur ce point était essentiel. Si Laurent-Vibert s'est peu à peu détaché de l'idéologie des principes de 89, de ce rationalisme qui fit éclore le *Contrat social* comme la plus artificielle des fleurs dans le cerveau du dénationalisé Jean-Jacques, s'il a éprouvé le besoin d'un terre-plein solide où raciner un loyalisme politique quelconque et s'il a reconnu ce terrain de solidité sous les espèces tangibles et séculaires de nos droits acquis, ce n'est pas à sa seule expérience de la guerre et de l'après-guerre qu'il en est redevable, mais il le doit aussi à cette épreuve rétrospective du passé de la France, dont l'histoire, abordée par lui, sur un plan supérieur, comme la discipline qui assure dans la vie une perspective d'ensemble et maintient en nous la notion des rapports, comme une orthopédie du jugement en général et, par suite, comme une rectrice d'action, l'a muni et comme armé.

A titre indicatif, découvrons par un exemple l'envergure de perspective que Laurent-Vibert savait obtenir de l'exploration d'une simple contrée de l'histoire. On sait l'admiration que ce spécialiste des Institutions romaines avait pour le grand œuvre du dictateur à vie Jules César, pour cette *pax romana* élargie et stabilisée à toutes rives méditerranéennes, aux confins mêmes du monde antique. Rappelant que, pendant les siècles où dura cette réussite sociale, nul indice ne trahit chez l'individu le sentiment d'une atteinte portée à ses naturelles prérogatives, « ce constat-ci s'impose, disait Laurent-Vibert, la tranquillité dans l'ordre a pu être assurée en toute inconscience, chez les individus, de la liberté, de l'égalité, de la moindre notion des droits de l'Homme et du Citoyen ».

On saisit ici comment l'histoire orientait, par la leçon des faits, la méditation politique de Laurent-Vibert. On aperçoit du même coup quelle règle bien étrangère à certains partis-pris des politiciens jacobins il imposait à son investigation historique : Ne pas interpréter les monuments du passé aux seules lumières de notre mentalité moderne. Tout au contraire, entre notre attitude critique et, par exemple, les institutions de la France d'autrefois, interposer l'impression que nos aïeux en éprouvèrent et l'appréciation qu'ils portèrent sur elles ; interposer les vieilles chroniques et les mémoires du temps, soit ce *Credo* monarchique du duc de Penthièvre, au lyrisme duquel Laurent-Vibert rendait vie en un chef-d'œuvre d'art typographique en deux couleurs, après l'avoir pieusement relevé parmi les papiers manuscrits saisis aux Andelys, en 93, dans le mobilier de ce ci-devant. Bref, interposer tous ces témoignages des hommes d'autrefois que suspecte à priori le radicalisme en matière d'histoire, mais qui, seuls, authentiquent l'état de pensée, de cœur et de bien-être des générations qui ne sont plus. Alors seulement nous aurons chance d'être équitables dans notre jugement sur des institutions qui nous semblent de prime abord avoir été toujours surannées.

On retrouve là tout l'esprit de Fustel de Coulanges posant comme méthode de ses *Nouvelles Recherches historiques* : « Quand il s'agit du passé, le fond de l'esprit critique est de croire les anciens ».

Ce respect préventif pour la pensée des aïeux, cet effort pour ressusciter en lui-même leurs états d'âme, prédisposaient Laurent-Vibert à l'effort politique par excellence que puisse faire un Français historien : réaliser intérieurement l'avénement de la France et la sentir se légitimer dans sa continuité.

Laurent-Vibert vérifia ainsi avec ravissement que la France s'était révélée supérieure entre les nations à la hiérarchie par elle instaurée entre les valeurs que les nations poursuivent. Elle avait cherché ses conquêtes moins dans l'ordre du confortable et du gain que dans l'ordre de la justice et de l'idée. Dans cette préséance réservée aux valeurs de qualité et cette insouciance des valeurs quantitatives, Laurent-Vibert voyait notre signe d'élection et la définition même de l'esprit de civilisation opposé à l'esprit de barbarie. A cette hauteur de pensée, les peuples épris avant tout de bien-être matériel, l'Angleterre, l'Allemagne, l'Amérique, n'avaient jamais su se hausser. La France royale, de siècle en siècle, s'y était maintenue. En tête des valeurs de l'humanité, cette France, du droit de génie, s'imposait donc. Et jamais nos monarques n'avaient laissé prescrire les droits qu'elle s'était acquis dans le monde par son idéalisme et par sa primauté dans le sacrifice : droit à un « Empire français » d'outre-mer, parce que, seule, depuis l'Empire romain, elle avait su à la fois grouper autour d'elle des peuples indigènes et les nationaliser — droit à l'arbitrage dans l'Orient méditerranéen entre tous peuples chrétiens et l'Asie musulmane.

Alors, la France était forte et respectée parce que nos rois, même les plus décriés au point de vue moral, avaient gardé, comme une grâce d'état, le sens des destinées françaises et trouvé d'instinct le réflexe nécessaire, à chaque fois que, soit l'étranger, soit les passions intérieures des Français avaient menacé la durée de la patrie. A telles enseignes qu'une même *gens*, précisément pour son persévérant bonheur à s'acquitter d'une telle mission, avait mérité le patronymique de Maison de France !

Comparée à cette France monarchique, la France républicaine d'après-guerre est apparue à Laurent-Vibert déchue et mise en péril.

A proprement parler, notre pays se meurt d'oublier la France. De fait, dans le gouvernement de la troisième république, celle-ci a cessé d'être représentée. Ni les droits du sol patiemment ramassé par dix siècles d'histoire, ni ceux de la mission dévolue à notre nation ne sont plus reconnus, ni par la constitution ni dans la pratique, comme existants en face des droits des Français. Ceux-là seuls se font entendre, n'y ayant qu'eux qui aient des députés ; et c'est de cette délégation unilatérale que notre pays souffre. En ses fréquentes heures de crise intérieure ou de menaces sur les frontières, il lui manque ce qu'à Rome devenait le dictateur, ce qu'en la France de jadis incarnait le roi, une autorité qui restaure l'exacte hiérarchie des valeurs en surélevant, au-dessus des intérêts d'individus, de classes ou de provinces, l'intérêt supérieur de la patrie.

A l'intérieur, cette carence d'un mandataire de l'idée française laisse notre personnel gouvernemental à la dévotion du plus coercitif et du plus international des tyrans : la corruption. Démunis de toute tradition de corps contre l'oubli de l'intérêt national, les élus du suffrage universel ravalent l'autorité dont l'état les investit à servir leurs intérêts propres d'abord. Un contrat tacite rive chambres et ministère dans le plus solide des cercles vicieux : tels parlementaires vendent à toutes décisions ministérielles le blanc-seing de leur confiance, à charge pour le ministre de réserver faveurs et places à leurs électeurs. Du coup, le ministre est irresponsable et décide selon des intérêts privés. En quoi, à parler clair, après avoir été omise, la France est encore trahie.

A l'extérieur, même amnésie en matière de France. L'ignorance de nos destins français précipite nos hommes d'état, d'abdication en abdication, au dédain de notre prestige et au reniement de nos droits acquis. Gratuitement, parce qu'ils jugent de notre passé par mépris préalable, ils doutent de la légitimité de notre empire et ils se dessaisissent, lambeau par lambeau, de cette protection des chrétiens d'Orient où se marquait notre privilège moral parmi les nations.

Pour avoir perdu la vision du génie de la France, qui est tout esprit, ils ont encore perdu le sens des « inimitiés françaises », le sens de la menace toujours imminente des « Barbares » et ils ont démantelé la Patrie sur ses frontières, dans sa marine et dans son armée.

« Je vais à l'Action Française pour une nuance, nous dit un jour Laurent-Vibert, parce que Maurras crie toujours : « Vive la France ! » avant de crier : « Vive le roi ! », tandis que nos parlementaires crient toujours : « Vive la République ! » avant de crier : « Vive la France ! ».

Cette formule situe l'exacte position politique de Laurent-

Vibert et le manifeste, qu'à la veille du 11 mai 1924, il rédigeait lui-même pour les fédérés lyonnais de l'Action Française, la précise encore :

« La France est, à l'heure présente, dans une situation très grave : menacée par le nationalisme allemand et par le mercantilisme anglais. Nous ne pouvons empêcher ce fait absurde mais certain qu'aux yeux de l'univers, un triomphe des gauches aux élections apparaîtra comme le signe de la défaillance française, et qu'au contraire le succès des partis qui se présentent comme patriotes signifiera la résistance.

« Nous pensons que, sans manquer à vos convictions anti-parlementaires et monarchiques, vous pourrez porter vos voix sur certains candidats qui, par leur passé, nous permettent de supposer que, devant un danger national, ils sauraient peut-être ne penser qu'à la France! ».

Laurent-Vibert adhérait au parti monarchiste moins comme doctrinaire que comme Français. D'illusions, en effet, sur les derniers Bourbons, lui-même a écrit qu'il ne s'en faisait plus. C'était perdre le sens des destinées françaises que d'avoir troqué leur vraie mission de «roi de France» contre la prétention absurde de devenir « roi des Français ». Semblable avait été l'erreur de Napoléon.

Laurent-Vibert souhaitait donc seulement un pouvoir fort qui reprît « les grandes routes royales », c'est-à-dire qui, tout en écoutant, à l'exemple de nos rois justes et saints, « les remontran-

ces » des Français, ne laissât plus exproprier la France de ses titres les plus authentiques, en déférant par peur du nombre soit
au sophisme parlementaire, soit au sophisme de l'Internationale.

Il n'est que la foi, Laurent-Vibert le sentait, qui fasse passer
de l'apathie lâche ou de la velléité peureuse à l'acte. Il voulait
donc, au premier chef, un gouvernement si pénétré de la créance
française qu'il ne supportât pas l'idée impie à l'égard de notre
histoire que cette créance n'est, suivant les expressions mêmes
d'un jurisconsulte du socialisme, qu'une situation comptable toujours changeante, et comme en liquidation perpétuelle. Il siérait
à un tel gouvernement de remettre à l'honneur les instruments
par excellence de notre rayonnement dans le monde : nos ordres
religieux d'Orient, vrais pionniers de la patrie aux marches de
l'Empire français, notre marine marchande, surtout notre marine
de guerre et notre armée, qui ne sont, d'un point de vue supérieur, que la nation surélevée au-dessus de sa normale et ramas-
sée pour le sacrifice sous les idées de discipline et d'honneur.

Laurent-Vibert ne s'est pas borné à parler et à écrire selon
son cœur de Français. Il a agi. Contre les Barbares qui, sans relâche, désagrègent le grain de la vieille âme française, il a été, à
Lourmarin, le reconstructeur d'un bastion français.

Qu'on ne se laisse pas prendre par la seule architecture et
qu'on se préserve d'avoir des yeux pour la seule et d'ailleurs admirable restauration historique. Le donjon de Lourmarin a mé-

rité, par l'ordre fécondant qui en émana sur toute vie d'alentour, de prendre figure symbolique et d'apparaître, au sens féodal du mot, comme « la tour du Meilleur ».

Laurent-Vibert, en relevant cette ruine, éveillait un esprit d'association locale : il appelait à collaborer tous artisans du village et avec les seules ressources de leur sol provençal. « Croyez-en, leur disait-il, la fibre loyale de vos oliviers et la pierre ardente de vos gorges ! Aimez-les ! votre ciseau les maîtrisera. On domine tout ce qu'on aime ! ». Laurent-Vibert le sentait d'instinct, ces blocs et ces troncs indigènes préserveraient tout le village contre l'invasion des mauvaises puissances du machinisme : contre la brique du haut-fourneau tueuse du tailleur de pierres vives, contre la camelote en série tueuse de l'imagier sur bois. Ils munissaient ces terriens du Lubéron contre l'appel des « villes tentaculaires » à la recherche d'un gain fiévreux qu'on réalise sans goût à l'ouvrage. Dans une vision, Laurent-Vibert devançait l'avenir et réalisait l'œuvre des bonnes puissances du sol : les familles enracinées dans ce beau pays aux veines inépuisables pour ses enfants qui avaient cru en lui ; à la longue, à travers les générations, une belle hérédité professionnelle se perpétuant ; chaque famille s'honorant d'une « maîtrise » que les décès ne dissolvaient plus ; et cette maîtrise libérant le petit peuple de Lourmarin : parce qu'il avait consenti à rester autochtone, il était devenu autonome ; il évitait l'engrenage du fonctionnariat par quoi l'Administration aurait eu barre sur lui et, par l'Administration, les politiciens. Qui donc a parlé « des Républiques françaises sous le roi de France ? ». Du moins Laurent-Vibert enfantait et abritait sous l'aile de son manoir de minuscules républiques corporatives.

Derrière ses murs, une autre discipline s'ordonnait et allumait un foyer d'exacte civilisation française. Tels ces Médicis, qui raccordaient leur religion de l'art à leur religion de Florence et, créant comme un nationalisme de la fortune et du goût, mettaient leur faste et leur sens du beau au service de leur chère patrie, Laurent-Vibert, contre le matérialisme de certains écrivains réalistes, contre l'exotisme à la mode, contre la pensée internationale à l'ordre du jour, dressait ses *Terrasses* comme un bastion avancé en terre de Provence de la vraie tradition spirituelle française. Contre les Barbares de l'Esprit, dans le cadre seigneurial des beaux lierres étayant les murs de durée de leurs nervures centenaires, il ralliait et munissait quelques salubres défenseurs de notre clair génie.

Ainsi travaillait Laurent-Vibert, tant au village qu'au château, à reconstituer des élites. Sur cette reconstitution, où il voyait le salut de la France, telle page de lui annonçait un livre futur. Il n'a pas eu le temps d'écrire l'ouvrage, mais il a, ce qui est mieux, réussi un exemple en montrant, par son œuvre de Lourmarin, comment, en plein pays d'égalitarisme, se refonde une Aristocratie.

Histoire oblige! Laurent-Vibert n'eût été qu'un historien

tronqué, s'il n'avait pas aperçu dans le christianisme — et même dans le catholicisme (ce dont, en une phrase émouvante, ce grand cœur demande pardon à ses chers amis protestants) — la grande force qui a civilisé le monde après l'empire romain, et s'il ne l'avait pas écrit.

Ce sentiment, tout le long de notre histoire, il le retrouvait chez nos souverains. *Les Capitulations* reprenaient ici l'esprit fidèle des croisades, et la fonction de « médiatrice de la créance de Jésus », qu'avait jalousement revendiquée la monarchie française, correspondait à une réalité si solide que les autres peuples d'Europe, Angleterre, Allemagne, Russie n'avaient cessé de la convoiter.

Laurent-Vibert avait fortifié cette conviction au cours de ses voyages en Orient. En Syrie, il avait vu les Anglais s'applaudir de l'abandon, par le laïcisme officiel de nos gouvernants, du plus prestigieux de nos privilèges : l'encens aux offices. Il avait vu leur promptitude joyeuse à angliciser Jérusalem. Autre expérience française : cette rencontre au bord du Tigre des Petites Sœurs Dominicaines de la Présentation, Françaises si fidèles à leur rôle d'idéalisme et de charité qu'en pleine guerre elles en avaient imposé à nos ennemis, aux Turcs eux-mêmes, et, abandonnées des radicaux de France, avaient forcé la gratitude du Croissant ! Laurent-Vibert, ayant adressé un secours à ces bonnes Françaises, eut la douceur de vérifier le rayonnement de la France au dehors par ses missions, à l'emploi que sœur Rose-Marie, la Supérieure, se proposa de faire de ce secours. Relisons plutôt les lignes datées de Bagdad, le 7 octobre 1924, par lesquelles elle remerciait notre ami : « Celui qui récompense même le verre d'eau donné en son nom saura mieux que moi vous le rendre. Si vous le voulez bien, cher monsieur Laurent-Vibert, ces 10.000 francs serviront à payer le voyage de six nouvelles missionnaires. Nos bienfaiteurs seront heureux de savoir qu'ils ont aidé à porter au loin le nom de Dieu et de la Patrie ».

C'est dans une même pensée de défense d'intérêts français séculaires que Laurent-Vibert entreprit sa campagne de conférences pour le maintien au Vatican d'une Ambassade française.

Mais sa pensée dépassait déjà le nationalisme en matière de religion. Il éprouvait les limites de la raison et ses sécheresses. Ne s'était-il pas avisé, dans l'un de ses livres, que les esprits d'autrefois nourris de dialectique savaient s'élever à un degré de synthèse supérieure où n'atteignent pas nos esprits nourris de pauvre logique ? Il n'allait plus au catholicisme seulement comme y allait Fustel de Coulanges en son testament : parce qu'un patriote doit respecter ce que les aïeux ont pensé ; il y allait encore désormais par un appel intime du cœur. La volonté de retrouver sa mère morte et l'hécatombe de la guerre avaient aggravé sa méditation de l'au-delà. Il avouait en actes la foi de ses pères : « Je salue avec respect, écrit-il le 15 juillet 1915, les pauvres crucifix mutilés ou respectés par les obus, et la messe, dans le cadre pauvre et vrai d'une grange, m'est un moment de réconfort, de réflexion, de communion avec mes chers enfants ». Et, après guerre, quand un nouvel ami s'avisait de certain beau missel qu'il gardait toujours à portée de la main : « C'est le cadeau, disait-il, d'un aumônier dont j'ai servi la messe à bord, en mer, en Orient ».

« Je ne saurais mourir que catholique », affirmait-il quelques semaines avant sa mort et dans une confidence plus rare, proche celle-là de son heure dernière, une pieuse amitié a recueilli ces mots : « Rien n'est beau comme le *Credo* : je crois à la résurrection de la chair ! ». Ainsi ce cœur incontenté poursuivait ses ascensions vers les cimes où, à l'instant de mourir, il s'est pacifié. *Pacem summa tenent.*

Ainsi s'est perfectionnée sans cesse la courbe de cette vie : Comme il arrive souvent aux riches et impulsives natures où le moi déborde et veut fructifier, Laurent-Vibert, tel jadis ce Maurice Barrès dont il chérissait la pensée, est parti de la glorification généreuse des droits de l'individu, l'apothéose des droits de l'homme étant, à le bien prendre, une manière de « culte du moi ».

Mais l'expérience historique, par une poussée inflexible, l'a ramené vers cette vérité : L'œuvre d'un homme « né Français et de bonne mère » n'est jamais que viagère si, par une sorte d'engagement volontaire, il ne se dessaisit pas des velléités d'indépendance que lui souffle sa « pauvre logique » et s'il ne prend pas rang sur le plan local où l'a raciné sa vie parmi les hommes de continuité.

Le jour où sa réflexion, dissipant la modalité passagère du

régime comme une inconsistante nuée, l'a remis face à face avec la France éternelle, Laurent-Vibert a vérifié son cœur. On sait le mot qu'il eut alors : « J'ai retrouvé ma mère ».

Il pouvait dire encore : « J'ai trouvé ma loi ». C'est de fait le juste privilège des filiales tendresses que de passer du sentiment à l'acte, d'avoir le génie des gestes qui « servent » la créature maternelle dont la vision vous transverbère.

A l'heure où trop de Français relâchaient leurs attaches avec leur nationalité pour « s'affirmer citoyens du monde ou simplement bons Européens », Laurent-Vibert d'instinct, en tout domaine, en politique intérieure, en politique provinciale, en politique étrangère, en croyance religieuse, a revendiqué son hérédité nationale avec une fierté et une partialité pleine d'amour.

« Le mystère des patries nécessaires, écrivait-il, est vénérable et sacré comme le mystère même de la vie et ce n'est pas abdiquer sa raison que d'accepter avec humilité, avec joie, avec tendresse, une sujétion qui nous protège et nous exalte ».

« Le patriotisme, a dit Fustel de Coulanges, c'est l'amour du passé ». De ce point de vue, Laurent-Vibert apparaît comme un prince de la patrie et comme un *Sacerdos Galliae*, parce que ses livres, sa paroles et ses actes s'assortissent à cette *pietas* du nom de laquelle les anciens décoraient le geste des fils qui défèrent à pensée des aïeux. Laurent-Vibert, qui avait en partage la fortune, la santé, l'amour de la vie, l'intelligence, tout ce par quoi les égoïstes s'imaginent qu'on se libère, a recherché de toutes les sujétions la plus attentive et la plus tendrement inquiète : celle qui remonte vers une affection plus âgée que nous. Il a aggravé, multiplié ses devoirs à l'égard de ce passé français dont il se sentait la continuité vivante. Attester des survivances, ne vouloir plus qu'être fils : tel devenait le code de son action. La vie l'ayant fait deux fois orphelin, de sa vraie mère, puis de sa mère adoptive, il se fit filial encore :

Ibi filius, décida ce cher grand cœur, *ubi patria.*

Paul Rougier.

III

QUELQUES PAGES

DE

LAURENT-VIBERT

HEURES D'ITALIE

LE MARBRE

LA première et la plus charmante émotion que m'offrit la
Toscane, ce fut le bleu de ses collines. Le ciel, léger et frais, si
fluide qu'il semble glisser entre les doigts et inonder le cœur, se
retrouve parfois à Rome. Mais la teinte des collines est unique.
Leur bleu est à la fois profond et transparent ; il respecte l'exquis
modelé toscan sans trop l'accuser : teinte mystique qui reste ici
raisonnable. La douceur et la fraternité des tons font songer que
le ciel s'est fait terre ; ou plutôt ce ciel et cette terre, sans con-
fondre leurs couleurs divines, sont les deux formes extérieures et
essentielles de l'âme toscane.

Plus près du train qui m'approche de Pise, il y a les champs
labourés au-dessus desquels d'arbre en arbre la vigne suspend des

guirlandes, les peupliers au feuillage si léger que les feuilles semblent vibrer, toutes seules, dans le soleil; les bois d'oliviers qui tamisent une ombre claire ; et, pour que cette douce plaine n'éparpille pas indéfiniment une lumière pulvérisée, quelle main a su disposer, de place en place, pour le repos des yeux et la beauté du contraste, les graves cyprès noirs ? Toute cette végétation est discrète ; elle me laisse voir, par delà les petites cités blanches se tassant au sommet des monticules, l'échancrure inattendue de Carrare aux grandes roches pelées, grises et mauves, et, sans cesse, les collines et le ciel enveloppant de bleu le pays, les êtres et toute l'âme.

Pise, au milieu de sa plaine verte, semble un grand oiseau clair posé sur l'Arno. Comme il faut bien être de son temps, Pise a des stations de voitures, une gare, des files de wagons noirs sur des voies de garage, des faquins et même un tramway à vapeur pour quelque petite cité suburbaine. Mais toutes ces commodités sont hors de la ville, que protège une muraille rouge et fragile. Vous n'êtes guère importunés que du train à la grande barrière qui ferme l'unique et large brèche ouverte par la civilisation moderne dans l'enceinte historique. Au delà, les bruits s'éteignent, les pas se mettent à sonner dans les rues presque désertes, et une grande douceur pénètre toutes choses.

J'eus le bonheur d'arriver à Pise par un train d'après-midi, quelques heures avant le lever de la lune. J'eus les derniers rayons obliques du soleil pour illuminer par places les rues étroites, à lar-

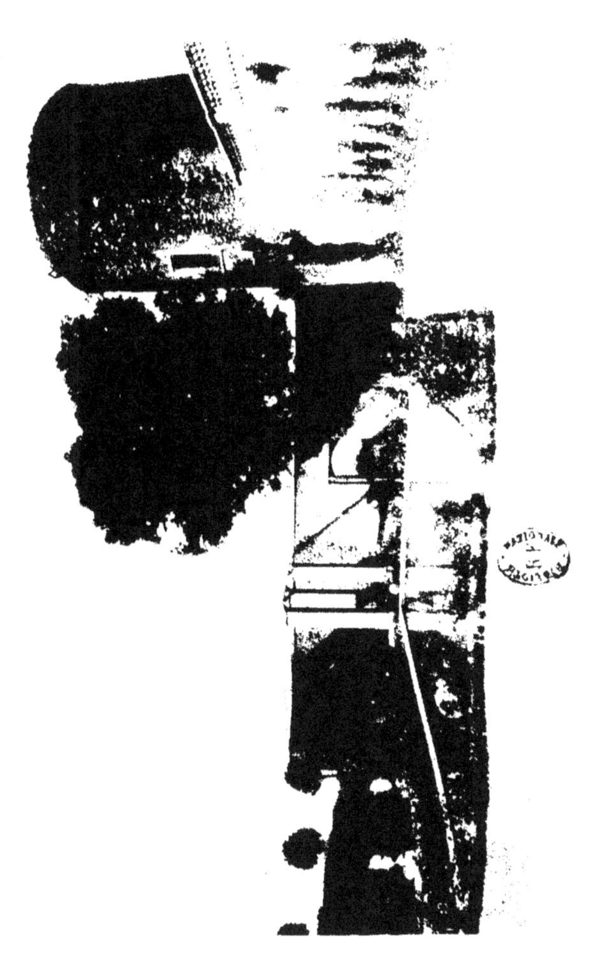

ges dalles, sans trottoirs, où, sous la paix du ciel atténué, jouaient des enfants aux grands yeux, coiffés de rouge et sales à plaisir, criant à tue-tête des mots qui chantent. Sur le pas des portes, les femmes. Au-dessus de cette vie, les fenêtres alignent leurs persiennes closes, toutes peintes en vert, dont le bas se soulève un peu comme une paupière. Et tous ces logis sont profondément silencieux. Aux heures du crépuscule toute la cité, en Italie, sort de ses maisons pour jouir de la lumière qui tombe.

Quand d'une ruelle, profonde comme une crevasse de montagne, je parvins aux bords de l'Arno, il me sembla que le ciel s'était d'un coup illuminé. On le découvre tout entier tant le fleuve est élargi par ses quais de pierre, et les maisons hautes et régulières, piqués de carrés verts, des gouttes de flamme aux vitres, dessinent sur le ciel la courbe du fleuve.

Un pont ; et de nouveau les rues de crépuscule se refermèrent sur moi.

Enfin, tout au bout de la ville, ces rues s'ouvrent sur un espace libre, que l'on pressent. Quelques pas y portent. L'instant est inoubliable. D'un large et beau gazon surgit du marbre. La solitude est complète autour de lui ; les maisons sont restées en arrière. Il n'y a plus que le ciel bleu, l'herbe verte, un peu de muraille rouge, le reste est colossal et tout blanc : le baptistère massif, le dôme que raye un peu de noir et qu'un large trottoir isole, le campanile immaculé, le mur froid du Campo Santo ; richesse de formes et teintes élémentaires. Dans le soir qui s'achève et s'assombrit, tout ce marbre conserve de la clarté et rayonne. Et je me souvins de certain névé des Alpes, par une nuit pure, avant que la lune ne se levât, qui gardait en lui assez de lumière pour dessiner sa dentelle sur les rochers noirs à pic.

Le groupe sacré s'éteignit, après le ciel. Il y eut un instant de ténèbres incertaines où les réverbères eurent trop d'éclat. Mais la lune montait ; et le marbre de nouveau sortit de l'ombre. Les édifices qui se reconstituaient sous la lumière nouvelle prenaient une autre ampleur, une autre beauté. On eut dit une neige légèrement bleue qui amoncelait, en silence, des dômes, des nefs, des colonnes légères. Les proportions s'agrandirent. Le gazon devint presque noir. Puis le marbre commença de briller doucement ; la Tour Penchée apparut transparente. Et, sous la fraîcheur grandissante de la nuit, l'herbe humide amortissant mes pas, j'entrai dans une cité merveilleuse.

Le lendemain, qui était un dimanche, j'eus tout loisir de me familiariser avec ce marbre. Le peuple pisan, plus humble que jadis, se contente au jour du Seigneur de ses petites églises noyées dans les maisons, pleines d'obscurité bleue. Les sacristains, ce jour-là, font grâce aux étrangers qui, du reste, en automne, sont ailleurs. Et j'ai pu, toute une longue journée de soleil et de solitude, me blottir aux coins des portes, m'asseoir les pieds dans l'herbe sur le trottoir imposant, suivre sur les murs de neige, le progrès de l'ombre bleue, et, tandis que dans la cathédrale déser-

te des vêpres se chantaient aussi faux que possible, glisser de pil-
lier en pilier sur le pavé luisant. Et j'ai connu que l'on devait aimer le groupe de marbre autant qu'il le fallait admirer ; car il n'y
a là que de très vieilles pierres, qui racontent leurs histoires avec
bonté, comme de vieilles gens, à ceux qui les aiment assez pour
leur donner leur cœur. Faites lentement, avec piété, le tour de la
cathédrale. Voici des blocs qui furent des monuments romains :
sur l'abside il y a des noms d'empereurs, des fragments de lettres
magistrales, d'humbles pierres tombales ; près de la porte secondaire qui regarde Pise, au-dessus d'un vieux mendiant qui semble
un philosophe, un fragment de fronton antique ; encastrée dans la
muraille nue, une galère gonfle une voile. Retournez-vous : sur le
campanile, près de la porte, une scène de marine fait le pendant
de celle-ci. Des reliefs barbares : rudes tresses, rinceaux mala-
droits, médaillons et fleurs sauvent pieusement le souvenir du
premier baptistère ou de la première basilique. Cette cathédrale
dominatrice doit être bénie pour n'avoir pas renié les autres générations de pierres. Ce que l'on pardonne le moins à Rome, c'est
ce droit d'anéantissement que quelques époques d'art chrétien
s'arrogèrent sur leurs belles devancières : et il arriva que le médiocre, qui était le nombre, fut vainqueur.

Mais le marbre de la cathédrale, après la construction, ne
resta pas solitaire. Les hommes l'intéressèrent à leur vie et à leur
mort. De belles inscriptions en onciale signalent d'illustres tom-
beaux. Un passant au XVIe siècle pouvait y graver son nom. De

petites gens se firent enterrer tout auprès de la bonne muraille. Aux contreforts carrés, l'on marqua des symboles, et sur le sixième, à compter du transept, un taureau ailé, grossier de traits mais de fière allure qui porte sur la tête une lourde croix grecque.

Tout de même, ce fut la première leçon que me donna l'Italie : les jeunes édifices ne s'élèvent qu'en faisant siens de vénérables débris, et il faut leur être reconnaissant quand ils veulent, bien comme à Pise, le reconnaître. Au fond, ce sont toujours les mêmes pierres qui servent. En souffrent seuls ceux qui aiment à ce point les vieilles choses qu'elles leurs plaisent en raison de leur âge. Mais le Colisée ne s'humilia pas en prêtant son travertin à Michel Ange. Je connais beaucoup d'édifices qui gagnèrent en beauté à se voir plus qu'à moitié démolis, et le Temps fut un artiste qui transforma adroitement les utiles aqueducs en une série d'arcs de triomphe.

Salut Public, 19 avril 1908.

L'OFFICE DES TÉNÈBRES

Le Jeudi-Saint fut à Rome, l'autre semaine, une belle journée de lumière, atténuée par instants. La pluie récente avait couvert d'une teinte fraîche et profonde les pelouses, les chênes verts et les cyprès, la floraison parfumée qui naît ici partout. Depuis un mois, chaque matin, des touffes de fleurs jaunes s'enflent et se propagent dans les gouttières d'une petite chappelle brune et douce, en face de ma fenêtre; les toits verdissent sous une peluche de gazon, et les corniches de travertin sont pleines d'herbes folles. Les ruines, plus que tout, sont gagnées par le printemps : il y a des iris blancs et de grands pissenlits sur le temple de Saturne, et les glycines, d'un mauve encore très pâle, s'enroulent aux piliers de brique rouge. La discrétion de toutes ces couleurs naissantes est inexprimable. Sous la pluie fine et continue, perdues dans la mélancolie lumineuse du ciel, toutes ces vieilles pierres et toute cette jeune flore ont zézayé indéfiniment, dans la solitude. Le soleil de ce Jeudi-Saint a fait monter du sol antique une buée de printemps ; il éclairait les lointains et épanouissait le cœur.

J'ai suivi, pour aller à Saint-Pierre, tout le haut du Janicule, d'où Rome se déploie, puis se reploie, à mesure que l'on s'avance : le Tibre, d'abord dissimulé par les maisons, apparaît, brille et disparaît ; et toutes les coupoles et les clochers se meuvent lentement. Par delà Rome, l'on devine l'étendue morte et verte de la Campagne jusqu'aux montagnes, semées de blanc, à l'horizon : amoncellement disparate, avec les brusques taches blanches du calcaire moderne, les larges rues de la troisième Rome taillées à vif dans la vieille cité brune, les échafaudages, le quartier des villas qui déborde l'enceinte, tout cela parmi l'enchantement des palais roux, des coupoles en grisaille et surtout des arbres, des beaux arbres de Rome, d'un ton puissant, qui se massent avec un art merveilleux sur les collines sacrées et qui ont enveloppé d'un bois silencieux la pente même du Janicule.

Il faut de là pour gagner la place Saint-Pierre suivre, escorté d'enfants qui tous rient et mendient, des rues en pente, drapées de linges éclatants qui étalent leur intimité dans le soleil.

A pleines portes, la Ville entre à Saint-Pierre, mais, sitôt sous les voûtes, elle fuse, se disperse : il n'y a de masse noire que là-bas, derrière le maître-autel. Sur ce peuple de fourmis, le baldaquin de bronze. La lumière pénètre à flots et court sur les marbres. Dans l'abside— église pour l'office —, la foule est dense, irrespectueuse, bavarde, cosmopolite. Des files de séminaristes lisent leur bréviaire parmi les Allemands et les Américains qui, visiblement, dominent. Et ce début d'office, en somme, n'offre d'autre intérêt que les dimensions exceptionnelles du lieu et l'indifférence religieuse des fidèles. Un remous annonce et suit le passage du cardinal Rampolla. Nul à Rome n'a mieux que lui le sens mystique du culte et ce que l'on peut appeler l'art d'officier : haute taille, le visage tout en jeux violents d'ombre et de lumière, la bouche vigoureuse et contractée, le regard impassible, voilé et fin. Il est vêtu d'écarlate et d'hermine. Ce matin, il portait, à la bénédiction des huiles, des brodequins blancs rehaussés d'or. Il a pris, cette année, la charge de tous les offices et n'a rien hâté lorsqu'on vint un soir lui annoncer, entre deux répons, que le chancelier de l'empire allemand l'attendait.

Il n'y a pour toute lumière, au fond du chœur, que les six

cierges de l'autel et le vaste chandelier à treize branches dont les flammes, une à une, vont s'éteindre. Cette clarté jaune n'atteint même pas le premier rang de la foule, qui, sous le jour blanc, emplit les nefs et embrume les voûtes de poussière soulevée. Les pas glissés sur les dalles, les propos à voix basse incessamment murmurés, le froissement des étoffes et l'innombrable respiration composent un bruit monotone, que l'on finit par rythmer sur le rythme même de son sang. Et ce bruit semble le battement d'une grande pluie sur les pavés, d'une pluie qui ne crépite pas, mais qui ruisselle, ruisselle sans fin, sans qu'on en puisse concevoir l'arrêt. Sur cet accompagnement continu, les chants vont dessiner des phrases plus fermes. Mais les répons de cet office des Ténèbres participent de la monotonie générale : ce sont les mêmes notes simples que la maîtrise de Saint-Pierre enveloppe parfois de vocalises, sans atténuer la tristesse un peu angoissante du chant sacré.

Toute cette foule et ces chants attendent la disparition lente de la lumière. L'ombre, par les vitraux blancs, gagne peu à peu les voûtes, le baldaquin, les statues de marbre qui se haussent et perdent l'allure tourmentée et fictive que leur laisse le plein jour ; la foule s'assombrit ; masse incertaine et mouvante d'où émerge la blancheur des visages. Au chandelier les cierges s'éteignent, lorsqu'un seul fut vivant, on ensevelit d'un coup les six étoiles de l'autel. Les chants cessèrent et, sauf quelques rougeurs oscillantes à demi cachées parmi les chantres, ce fut l'ombre. La basilique, alors, devint colossale. Les baies du fond de la nef s'enfoncèrent, insaisissables par delà un espace vague et noir, où palpitent des hommes et où ruisselle toujours l'eau d'un ciel noir. Il n'y a plus qu'une teinte blanchâtre sur la croix de bronze du baldaquin et le le cœur chancelle sous la fatigue de l'attente et l'oppression des ténèbres.

Tout à coup des gerbes de lumière électrique jaillissent au centre des voûtes ; le charme est rompu. Ainsi, après l'émoi du dénouement, une salle de théâtre s'illumine sans discrétion. Les murs de Saint-Pierre se remettent en place ; les Anglais et les Allemands manifestent qu'ils sont bien restés ; les lorgnettes reparaissent aux flancs vêtus de drap vert ou beige, et l'on cherche le vestiaire.

Il faut bien, par devoir, assister au lavage de l'autel. Tous les chanoines de Saint-Pierre, force sacristains et le cardinal l'essuyent, à tour de rôle, d'un plumeau jaune fort ridicule, que seul le cardinal sait porter sans compromettre sa majesté. Puis, d'une loge, aux piliers du transept, on expose les reliques : à l'apparition des cadres lourds, quelques prêtres se mettent à genoux et les Américains braquent leurs lorgnettes.

Y eut-il une époque où toute cette foule, respirant d'un même cœur, oscillait, lorsque se dressaient les débris sacrés et tombait à genoux ? De doctes amis me disent que, depuis bien des siècles, les Papes se plaignent du peu de recueillement, pendant la Semaine Sainte. Sommes-nous réduits à concevoir, pour la beauté de l'image, le vaste silence succédant au bourdonnement de pluie battante ? Cela semblerait prouver que l'humanité n'a pas le sens du geste. En dehors du rite chrétien, je voudrais, à cet office de Jeudi-Saint, que l'on songeât avec toute l'âme à ce mystère de douleur, chaque jour renouvelé : la mort de la Lumière. Nous qui dormons quand le ciel est noir et dont la vie se suspend aux rayons clairs comme un enfant à de chères mains, ne pouvons-nous, un soir par année, nous agenouiller devant le crépuscule et envelopper notre cœur des lambeaux de pourpre que laisse au couchant la lumière qui meurt, comme reliques de sa beauté ?

Salut Public, 3 mai 1908.

LA CITÉ DES DENTELLES

J'ai dû, pour l'atteindre, glisser des lieues et des lieues sur la lagune vénitienne. Après quelques journées de grand soleil clair, Venise s'était, à l'aube, enveloppée de brume ténue. Ce voile était si léger qu'il ne masquait pas les lointains, mais aucun rayon du soleil ne pouvait librement descendre sur la mer : chaque gouttellette de brume retenait et multipliait un peu de clarté blanche, et ce ciel bas semblait rayonner de sa lumière propre. Au lieu d'accueillir la clarté comme le don d'un astre lointain, l'on vivait, ce

matin-là, au cœur même de la lumière, de la lumière pâlie, trans-
figurée, que l'eau grise, sans briller, reflétait à l'infini. Protégée
par le cordon des sables, la mer des lagunes se meut lentement, et
les ondulations légères glissent, se prennent, se reprennent, se
heurtent sans hâte et sans bruit, créant sur la surface de plomb
comme un réseau lourd de lumières et d'ombres qui sans cesse se
dénoue et se renoue. Quand Venise et l'île voisine de Murano
s'attardèrent au coin dans la brume grise, il n'y eut plus, à fleur
de mer, que les îles d'herbe courte. Ce sont des îles sans rivages :
elles immobilisent par places la surface grise, et posent de longues
bandes vertes et mortes sur l'eau qui vit à peine. L'homme, dans
ce désert, a tracé ses chemins ; il y a des poteaux noirs qui dessinent le chenal et qui rassurent.

Puis voilà qu'apparaît à l'horizon Burano, la cité des Dentelles. Le profil gris des maisons tassées, le campanile qui les pro-
longe vers le ciel et qui penche, semblent d'abord une forme pré-
cisée de la brume lointaine. Peu à peu, les détails s'éclairent. Nous
longeons une petite île où des jardins entourent un clocher qui
croule sous le lierre, et Burano devient une cité blanche, où s'insinue l'eau clapotante d'un canal. Des gondoles viennent à notre
rencontre ; et, à travers l'atmosphère lourde, le bruit des rames,
les cris d'enfants, tout le bourdonnement du village nous accueil-
le.

Ce sont de petites rues tristes, des maisons à portes basses,
des logis silencieux où l'ombre descend des poutres noires de fu-

mée, cuivres brillants et reflets doux des armoires. Sur le canal, il
y a des barques goudronnées et des voiles rouges. Et sur tous les
seuils, les femmes dont la tête se penche, et toutes les mains font
le même geste adroit et minutieux au-dessus du carreau où naît
peu à peu la dentelle. Et l'on ne voit plus que ces doigts minces
et agiles. Il y a de petites mains d'enfants, dont le geste héréditaire est encore un peu gauche, et le fil glisse entre les doigts potelés.
Les jeunes filles et les femmes ont la même main frêle et souple, ailée
au-dessus du tissu transparent — et le fil, l'aiguille et les doigts
ont la même vie rapide, insaisissable. Et j'ai vu de vieilles mains,
usées par le travail et l'air des lagunes, ne plus manier que la lourde navette pour les filets des pêcheurs. A l'école officielle, ce sont
dans deux salles contiguës quarante jeunes filles vêtues de clair,
silencieuses. Elles causent un peu, montrent volontiers leur travail et soulèvent avec une prudence adroite le papier de soie qui
recouvre la tâche finie. J'ai vu d'admirables ouvrages.

Il y a là surtout les deux dentelles qui me semblent être toute Venise. La lourde dentelle, où les fleurs opulentes et le réseau
qui les relie sont faits pour les velours sombres, pour les teintes
chaudes et profondes ; elles ont je ne sais quel air de majesté et
d'orgueil : la Venise du seizième siècle, les peintres aux couleurs
royales, les palais, Desdémone. Puis la dentelle légère de Burano
où sur le tulle qui emprisonne et diffuse la lumière et les teintes,
des fleurs souples glissent et se combinent mollement comme les
reflets sur l'eau des lagunes. Mais elle n'a gardé de Venise que

son enchantement : c'est la Venise du dix-huitième siècle, les masques, le carnaval, ce peuple amusant et aimé, que connurent les voyageurs français ; ce sont les rues minuscules où se promènent sans fin les grands châles noirs.

Et quelle joie de songer que, lourdes ou aériennes, ces dentelles créées sous nos yeux par le geste d'une fine main vont aller vivre, au loin, parmi les hommes. C'est le privilège des étoffes, après avoir quitté les doigts de l'artiste, de n'être pas seulement objet de contemplation. Elles vont s'associer au rythme d'une vie, se modeler sur une forme vivante, respirer avec une poitrine humaine, se parfumer, s'ennoblir, se déshonorer. Chaque femme va les créer à nouveau, les assimiler à sa beauté ou en rehausser sa laideur. Chères dentelles, vous serez aimées, vous dormirez dans le parfum de la lavande sèche, vous pourrez être des confidentes, vous pourrez, un soir de printemps, être déchirées. A quels excès de joie, d'orgueil, d'amour, de sottise vous associerez votre réseau léger qui reçut en naissant, sur le pas des portes, le souffle de la lagune. Et j'ai pensé à la colline bourdonnante, dans ma petite patrie, où s'élaborent les soies merveilleuses, et j'ai uni dans mon cœur les hautes maisons à métiers, et les logis des dentellières où l'on travaille à parer la femme que nous aimerons.

Ma visite s'achève dans la tristesse : j'entends la directrice de l'atelier. « Ce qu'elles gagnent ? Cela dépend de leur habileté, elles peuvent arriver à se faire quarante, cinquante francs par mois ». Je

lis, sur le mur, un règlement sévère. Mais l'école est une aristocratie protégée. Je le vis bientôt. En regagnant le quai, je m'arrêtai sur un seuil, où une jeune fille était assise. Elle avait le visage
un peu long, des cheveux noués, un mince corsage et travaillait
sans relâche. Je me penchai. Sur le carreau, une fleur commençait
à vivre, une fleur un peu étrange, héraldique. Les fils se tassaient,
se blotissaient les uns contre les autres sous le jeu de l'aiguille fine
que dirigeaient le peuple léger avec la promptitude et l'aisance
d'une abeille à la ruche. Et j'aurais voulu marquer à la dentellière
mon respect pour son beau travail. Elle sentit mon attention, re-
leva la tête ; je vis deux yeux de pervenche dans un pauvre visage
résigné ; sa main quitta l'aiguille enchantée ; elle joignit en forme
de coupe ses doigts ailés et me dit : « Un soldino ! » (un petit sou !).

Au retour, je vis Burano s'atténuer dans la brume. Mais le
bateau, au lieu de gagner droit Venise, se dirigea vers la haute
mer. Le soir venait. Burano n'était qu'un contour vague dans le
ciel assombri. Soudain, je vis mes compagnons de route se dresser et regarder vers la mer. Par delà les longues bandes d'herbe
courte, très loin, il semblait qu'une longue cité blanche surgissait :
des maisons imprécises gagnaient peu à peu tout l'horizon en une
file claire et indéfinie ; leur couleur était irréelle, trop blanche
pour la lumière qui restait au crépuscule. Peu à peu l'île lointaine
frémit, s'anima, tandis que le vent nous portait, de plus en plus
fort, le fracas des vagues : c'était la barre, la haute ceinture d'écu-

me qui enserre la lagune vénitienne. Il y avait gros temps sur l'A-
driatique. Et la nuit, qui tomba vite, ensevelit la cité des Dentelles.

Salut Public du 7 juin 1908.

LA NUIT DE LA SAINT-JEAN

Sitôt qu'on a passé la porte Saint-Jean, *la Via Appia Nuova*
s'allonge vers les monts Albains. Et c'est tout de suite une rue de
campagne bordée de maisons basses blanchies à la chaux qui sont
autant *d'osterie :* leurs noms se peignent en bleu sur les murs et
leurs terrasses dominent une singulière banlieue. Par delà, les mai.
gres champs, les fonds marécageux où se traîne un ruisseau, les
treillis de bois où s'accrochent une pauvre verdure et la poussière,
s'élève la haute muraille d'Aurélien, toute de briques rouges. La
porte Saint-Jean se hausse et va s'ouvrir sur le ciel ; et par dessus
les maisons, surgit le couronnement rectiligne de la façade du
Latran avec ses saints de pierre, qui semble un arc de triomphe
à l'entrée de la ville.

C'est au bord de l'Appia qu'on vient, le soir de la Saint-Jean
manger les « Spaghetti » et les petits escargots zébrés de jaune et
de noir, dont la sauce est de haut goût. Les familles pauvres et
les campagnards ont apprêté leurs escargots dans une casserole de

terre ; puis on l'enveloppe d'un grand mouchoir rouge, et toute la maisonnée se met en route. A l'*osteria*, on ne demande que le pain et le vin, le vin blanc de Frascati, d'une grande douceur et d'un suave agrément, mais sans caractère, comme les vierges de Raphaël. L'on s'achemine ensuite vers le Latran ; il faut franchir à nouveau la porte.

L'Appia Nuova est semée de lumières vacillantes. Et tandis que se multiplient ces clartés, un bruit étrange vient à nous ; un carillonnement continu, sur tous les tons, sans rythme, un peu fou, souligné par des appels de trompe, puis le vacarme devient assourdissant ; et l'on voit que toutes les mains agitent des cloches de terre cuite, et que de paisibles Romains sonnent d'une trompette rudimentaire. L'étonnement ne s'arrête pas là. Près de la porte bruyante et encombrée, commencent les boutiques en plein vent. Et c'est d'abord une série de porcs entiers, roux, luisants, décapités. Ils sont percés d'outre en outre du bâton qui fut leur broche, et qui, maintenant, les tient suspendus en pleine lumière. Toute la nuit, des mains habiles y tailleront pour le populaire de larges tranches.

Au delà, la place Saint-Jean allonge à gauche, jusqu'à la façade de la basilique, sa haute terrasse d'arbres noirs, plantés sur la muraille même. A droite, les lumières s'alignent jusqu'à l'édifice à abside de la « Scala santa ». Devant les boutiques de toile et de bois, la foule, avec bruit et lenteur, défile. Tout ici est tradi-

tionnel : voici les cloches grandes et menues, entassées tête-bêche :
toutes les notes, graves, aiguës, sourdes, argentines, dorment dans
la charrette. On cherche le ton qui vous plaît, et le sou donné,
le petit battant s'anime, se met à vivre joyeusement, se secoue
et court parmi les groupes. Tout auprès, la *tromba,* ce sont
trompettes de fer blanc dont les faisceaux pendent aux poutres.
Leur son, plus grave, semble la voix mâle de ce concert à deux
chœurs.

Il y a deux parfums aussi : la lavande fraîche, en petits paquets arrondis, s'amoncelle sur les tréteaux. Toute Romaine vient
s'en munir. Et les petits paquets vont se disperser dans la ville,
connaître l'intimité des armoires, le linge frais et les larges tiroirs
des commodes ; l'odeur légère des montagnes albaines va pénétrer au Transtévère et dans les demeures de la Renaissance tout au
long de la Via Giulia. Cette frêle lavande a la plus étrange et la
plus ridicule compagnie : le grand ognon dégingandé, haut comme un homme, avec quelques gousses blanches au bas, pour tête
une fleur toute ronde, et une longue tige sans grâce qui les relie
démesurément. Ils sont debout, accotés les uns aux autres et ré-
pandent en paix leurs parfums.

Puis sur les rayons des boutiques, tout un peuple de statuet-
tes peintes : les types de la comédie italienne Pulcinella, les moi-
nes, les nonnes, le petit bourgeois, faces rieuses, enluminées, mas-
quées, déformées, satisfaites, gourmandes, ventres bien remplis,
robes de bure et goupillons. Parfois quelque licence ; et tout ce

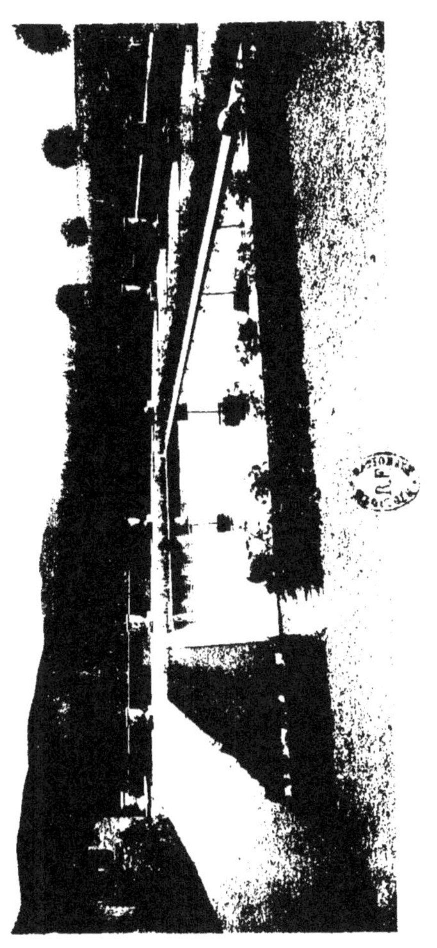

petit monde grouille sur ses planches comme le peuple romain au Portique d'Octavie, avec pourtant plus d'ordre et de propreté.

Et toute la foule est calme : elle va et vient parmi sa lavande et ses ognons, heureuse de ce bruit discordant et pacifique. L'on ne sent en elle nulle factice excitation. Sous les lumières vacillantes, elle attend ; elle attend le lever du soleil. En juin, les nuits sont courtes, et cette nuit-là mille yeux humains ne se fermeront pas entre le crépuscule et l'aurore. Vous souvenez-vous de cette soirée du Jeudi-Saint, où, dans Saint-Pierre, nous avons attendu la chute du jour ? Il y avait une singulière angoisse sous les voûtes parmi les chants, à mesure que descendaient, sans hâte, les ténèbres. La vie mystérieuse du soleil s'associe, en ce cher pays, à tous les cultes et à toutes les traditions. Et chaque année mille cloches vivantes, toute la joie d'un peuple frémissant, saluent sur les remparts de Rome la clarté montante de l'aurore.

Salut Public, 28 juin 1908.

CIMETIÈRE TURC

J'AI découvert, tout près de notre camp, un petit cimetière turc. Les stèles blanches, roses, bleues, mauves, bordées d'or, ou vertes de mousse et de vieillesse regardent toutes la mer. Le soir, le soleil, avant de disparaître derrière la haute chaîne de l'Olympe fait briller doucement toutes ces teintes. Aucun ordre ; les tombes se pressent, familières, ne laissant entre elles qu'un étroit passage, parfois marqué d'herbes. On reconnaît au turban la tombe du lettré, à la corbeille de fleurs celle d'une femme. Nulle tristesse ; mais une sorte de mélancolie souriante et résignée. Il y a de petits cyprès noirs, des plantes sauvages à larges feuilles. Devant l'adorable horizon de la mer s'élève de cette terre d'Islam une résignation à la destinée, une douceur sans angoisse. Les corps charmants, qui acceptèrent de passer leur vie sous le voile noir, reposent ici, avec la même soumission à la fatalité de la mort. Nos âmes d'Occidentaux inquiets s'apaisent au milieu de ces tombes. Le prix de la vie est dans cet ineffable rayon de soleil ou dans un regard d'amitié vraie.

Salonique, 27 janvier 1916.

NOTRE PATRIE

Notre patrie, nous en parlons, nous l'aimons, mais la réalisons-nous toujours parfaitement en nous-mêmes? J'ai eu, pour ma part, l'insigne honneur, que je n'avais pas mérité, de prendre la parole, oh très modestement, je vous assure, comme l'un de ces très nombreux *minores diplomatici* de la Conférence de la Paix, mais enfin de parler au nom de mon pays, dans ces commissions où se sont péniblement débattues, au milieu de quelles difficultés, de quelle mauvaise foi, de quelles obstructions, les destinées de la patrie mutilée, mais rayonnante. La première fois que j'ai eu à discuter de ces graves intérêts, c'était dans le grand salon du Ministère des Finances, dans la partie du Louvre refaite par Napoléon Ier et transformée par Napoléon III, qui touche au corps de bâtiment construit par Henri II. Sous une décoration d'un goût incertain, mais somptueux, et qui tout de même avait, dans le grandiose des draperies à glands et des lambris dorés, une sorte d'aisance souveraine, les délégués des vingt-quatre puissances siégeaient autour d'immenses tables vertes. La France était chez elle et recevait. Les visages étaient divers : robustesse calme et bien nourrie des Anglais de bonne famille, mobilité inquiétante des yeux grecs, pâleur rêveuse des visages polonais, air retors et borné des faces américaines, bonne et charmante et réconfortante fraternité des regards belges, tous s'observaient dans ce grand silence coupé de lentes paroles que tour à tour les interprètes officiers jeunes et sanglés, kaki et bleu horizon, traduisaient.

Lorsque le président, Lord Cunliffe, gouverneur de la Banque d'Angleterre, se tourna vers moi pour m'engager à parler, je commençais : « La France... ». Je dus m'arrêter un instant. A prononcer ce mot, dans le silence solennel, je vous jure que pas une seconde je n'eus peur ni trouble ; mais brusquement, par une sorte de mouvement intérieur, irrésistible, je vis, je vis tout mon pays dans son passé magnifique et son douloureux présent, je vis les chers coteaux de chez nous, la douceur de l'automne sur les délaissés du Rhône, je vis tout ce que j'avais aimé, la terre qui recouvre tendrement ceux que j'ai le plus chéris en ce monde, je vis mes camarades tombés humblement près de moi, et puis tout ce miracle de pensée haute, d'art et de bonté généreuse qu'est l'histoire de notre pays ; et tout cela était si noble, si fier, et si grave, que je sentais trembler mes lèvres, et tout mon sang battre dans mon cœur. Je me ressaisis vite et c'est en toute assurance que je repris : « La France ne saurait admettre... », et je continuai mon exposé.

Laurent-Vibert, à son retour de Salonique, fut attaché au cabinet de M. Bouisson, ministre de la Marine marchande. C'est ainsi qu'il fut appelé à prendre part aux délibérations de l'armistice à Spa et aux discussions de la Conférence de la Paix, où il fut·membre de la Commission économique. Certains articles même du Traité de Paix, concernant la Marine Marchande, ont été intégralement rédigés par lui. Ces quelques lignes sont extraites d'une conférence qu'il fit aux Amis de l'Uuniversité de Lyon, sur les Affaires et la Pensée.

IV

BIBLIOGRAPHIE

La Légende de Saint-Hubert, poème *(L'Académique*, novembre, décembre, 1899).

Georges d'Esparbès, La légende de l'Aigle *(Revue Académique*, n⁰ 1, janvier 1900, p. 3-5).

Le Salon *(Revue Académique*, n⁰ 3, mars 1900, p. 20-24).

Clair de Lune *(Revue Académique*, n⁰ 3, mars 1900, p. 27).

Idylle antique *(Revue Académique*, n⁰ 4, avril 1900, p. 42-44 ; n⁰ 5, mai, p. 54-56).

Sonnet *(Revue Académique*, n⁰ 5, mai 1900, p. 50).

Les Dombes *(Revue Académique*, n⁰ 7, juillet 1900, p. 75-77).

Un soir *(Revue Académique*, n⁰ 1, janvier 1901, p. 7-8).

[Anonyme] Le Rhône *(Revue Académique*, n⁰ 2, février 1901).

Un soir *(Revue Académique)*, nº 1, janvier 1901, p. 7-8).

[Anonyme] Le Rhône *(Revue Académique,* nº 2, février 1901, p. 23).

Le Salon *(Revue Académique,* nº 4, avril 1901, p. 49-54).

Vieilles Chansons *(Revue Académique,* nº 12, décembre 1901, p. 193-198).

Athéna *(Revue Athéna,* nº 1, janvier 1902, p. 1-2).

Conférence sur l'évolution des idées en France, XVIIIe siècle *(Revue Athéna,* nº 1, janvier 1902, p. 13-22).

Abdhul, conte aussi philosophique qu'oriental *(Revue Athéna,* nº 2, février 1902, p. 42-47).

Pommes meringuées *(Revue Athéna,* nº 5, mai 1902, p. 116).

A Dresde (Bouchet) *(Revue Athéna,* nº 6, juin 1902, p. 123-127).

Le col du Galibier *(Revue Athéna,* nº 8, août 1902, p. 176-178).

Harmonie (étude de morale et d'esthétique) *(Revue Athéna,* octobre 1902, p. 207-213).

Chanson de toile *(Revue Athéna,* nº 11, novembre 1902, p.235-nº 10, 236).

Les deux générations, 1848-1903 *(Revue Athéna,* nº 37, janvier 1903, p. 6-13).

Marthe *(Revue Athéna,* nº 40, avril 1903, p. 91-97).

Une soirée chez Rivarol *(Revue Athéna,* nº 50, février 1904, p. 27-41).

Madame de Flandreysie, la Vénus d'Arles et le Muséon Arlaten *(Revue Athéna,* n° 53, mai 1904, p. 107-110).

Croquis *(Revue Athéna,* n° 62, février 1905, p. 53-60).

En Beaujolais *(Revue Athéna,* n° 64, avril 1905, p. 107-110).

Une soirée chez Rivarol, Concours généraux, Paris, 1903, Delain frères.

Avec Ch. Dugas, le Monument romain de Biot *(Annales de la Faculté des Lettres de Bordeaux et des Universités du Midi,* 4ᵉ série, XXIXᵉ année, *Revue des Etudes Anciennes,* t. IX, n° 1, janvier-mars, 1906, p. 48-68, 5 pl. h.-t. dont trois de dessins de Laurent-Vibert, Bordeaux, Féret et fils, 1906).

Avec Ch. Dugas, Essai sur les vases de style cyrénéen *(Revue Archéologique,* 1907, t. I, p. 377-409, 4 pl. h.-t., 30 fig. dans le texte, Paris, E. Leroux).

Avec André Piganiol, Inscriptions inédites de Minturnes *(Mélanges d'archéologie et d'histoire* publiés par l'Ecole Française de Rome, t. XXVII, p. 495-507, Rome, 1907, Cuggiani).

Les publicains d'Asie en 51 av. Jésus-Christ, d'après la correspondance de Cicéron en Cilicie *(Mélanges d'archéologie et d'histoire,* publié par l'Ecole Française de Rome, t. XXVIII, p. 171-184, Rome, 1908, Cuggiani).

Marianum scutum Cimbricum *(Mélanges d'archéologie et d'histoire* publiés par l'Ecole Française de Rome, t. XXVIII, p. 353-361, Rome, 1908, Cuggiani).

Heures d'Italie. Le Marbre *(Salut Public,* Lyon, 19 avril 1908).

Heures d'Italie. L'office des ténèbres *(Salut Public,* 3 mai 1908).

    —   Trois grâces *(Salut Public,* 10 mai 1908).

    —   La Cité des Dentelles *(Salut Public,* 7 juin 1908).

    —   La nuit de la Saint-Jean *(Salut Public,* 28 juin 1908).

    —   A Saint-Pierre de Rome. Béatification d'une Française *(Salut Public,* 14 juin 1908).

Avec Pierre Bourdon, le Palais Farnèse d'après l'inventaire de 1653 *(Mélanges d'archéologie et d'histoire,* publiés par l'Ecole française de Rome, t. XXIX, p. 145-198, 4 pl. h.-t., Rome, 1902, Cuggiani).

Le charme de Rome *(Bulletin de l'Association des Anciens élèves de l'Ecole Ozanam,* p. 430-46, Lyon, 1910, A. Geneste).

La défense de l'Enseignement secondaire *(Bulletin de l'Association des Anciens Elèves de l'Ecole Ozanam,* p. 32-35, Lyon, 1911, A. Geneste).

Ravenne *(Bulletin de l'Association des Anciens Elèves de l'Ecole Ozanam,* p. 45-49, Lyon, 1912, A. Geneste).

Lycée Rouget de Lisle. Discours prononcé à la distribution des prix du Lycée de Lons-le-Saunier, le 29 juillet 1911 : le *Goût du Passé,* Lons-le-Saunier, Constant Verpillat, 1911.

Les Malheurs d'une honnête famille, mœurs provinciale du XVIIIe *siècle* ; Lons-le-Saunier, édition du « Vieux Lons », Imprimerie Moderne, 1911, 235×300, 21 p.

Avec A. Coquillard, la Ferronnerie du xviiie siècle à Lons-le-Saunier *(Le Vieux Lons,* 4e année, nᵒ 5, octobre 1911, Imprimerie Moderne, p. 193-216, 42 fig.).

Avec A. Piganiol, Recherches archéologiques à Ammaedara (Haidra) *(Mélanges d'archéologie et d'histoire,* publiés par l'Ecole Française de Rome, t. XXXII, p. 69-229, 20 fig., 1 plan, Rome, 1912, Cuggiani).

Résurrection *(Salut Public,* Lyon, 15 décembre 1913).

Lyon, eine Kultur und Industriestaette *(Illustrierte Zeitung,* die Staedte-Austellung, Lyon, nᵒ 3704, 142 Band, Leipzig, 25 juin 1914).

Les origines d'une exposition (numéro spécial de l'Exposition Internationale de Lyon du *Monde Illustré,* 1er mai-1er novembre 1914, 58e année, nᵒ 2987 du 27 juin 1914, p. 461-462).

L'impossible neutralité *(Le Clairon,* journal français de Salonique, Salonique, nᵒ 1, 5 mai 1916, p. 3-5).

Sub nom. Jean de Tournes, les Méthodes commerciales de l'Allemagne *(Le Clairon,* 1916, nᵒ 1, 5 mai 1916, p. 11-13).

La Revanche de la Mer *(Le Clairon,* nᵒ 2, 12 mai 1916, p. 19).

Sub nom. Jean de Tournes, Une défaite économique de l'Allemagne. La Chine *(Le Clairon,* nᵒ 2, 12 mai 1916, p. 26-28).

La femme française pendant la guerre *(Le Clairon,* nᵒ 3, 19 mai, p. 35-16).

Les Roses *(Le Clairon,* nᵒ 5, 4 juin 1916, p. 69).

Sub nom. Jean de Tournes, la guerre européenne jugée par un historien *(Le Clairon,* n° 6, 11 juin 1916, p. 85-86).

Sub nom. Jean de Tournes, Notes économique : l'après-guerre

I. La Maîtrise de la mer *(Le Clairon,* n° 7, 18 juin 1916, p. 99-100).

II. L'organisation banquaire *(Le Clairon,* n° 8, 25 juin 1916, p. 115-117).

Dans la tranchée, d'après un livre récent *(Le Clairon,* n° 8, 25 juin 1916, p. 122-123).

Monsieur Bergeret à Salonique *(Le Clairon,* n° 11, 16 juillet 1916, p. 164-166).

Exposition d'art français, Salonique, mai 1916. *Catalogue des Œuvres exposées,* organisée dans les salons de l'Association des Anciens Elèves de la Mission laïque française, 53, rue Boulgaroctone. *Salonique et l'Art français,* Salonique, Typ. Avenir, 220 × 325, 40 p.

L'âme du Combattant, notes et croquis *(La France en Macédoine,* études publiées par les officiers, sous-officiers et soldats de l'Armée d'Orient dans la Revue *Franco-Macédonienne,* janvier-décembre 1916, Salonique, 1917, Paris, G. Crès et Cie, n° 1, avril 1916, p. 3-26).

Sub nom. Jean de Tournes, Lidoire et Azyadé *(La France en Macédoine,* Revue Franco-Macédonienne, n° 1, avril 1916, p. 33-37).

Camouflage *(La France en Macédoine,* Revue Franco-Macédonienne, n° 2, mai 1916, p. 25) ; Ronsardise *(La France en Ma-*

cédoine, revue Franco-Macédonienne, n° 2, mai 1916, p. 26). L'art dans la Tranchée *(La France en Macédoine,* revue Franco-Macédonienne, n° 3, juin 1916, p. 47-50).

Salonique et l'art français, impression d'orientalisme *(La France en Macédoine,* revue Franco-Macédonienne, n° 3, juin 1916, p. 78-93).

Monsieur Bergeret à Salonique *(Revue Franco-Macédonienne,* n° 8, mars 1917, p. 108-111).

Méditation sur Léonard de Vinci *(L'Opinion,* Paris, n° du 17 mai 1919).

Hommage à Monsieur Herriot, M. Herriot a fait à ses anciens élèves le plaisir de déjeuner avec eux le dimanche 26 décembre 1920. Laurent-Vibert, en quelques mots, a offert au Maître, l'hommage de tous ; Lyon, M. Audin et Cie, 1920, 4 p., 220 × 280.

Exposition Beppi-Martin, Galerie Maire-Pourceaux du 15 au 31 décembre 1920 avec un dessin en couleurs, les Emigrants, Préface de R. Laurent-Vibert. *Beppi-Martin,* Lyon, M. Audin et Cie 1920, 8 p., 250 × 325).

Un voyageur néerlandais du XVIe siècle aux Indes orientales *(L'Extrême-Orient,* Paris, n° 1, août 1920, p. 12-14).

Le commerce des tissus de soie au Japon au commencement du XVIIe siècle *(L'Extrême-Orient,* Paris, n° 3, octobre 1920, p. 67-69).

L'art boudhique d'après H. Focillon *(L'Extrême-Orient,* Lyon, n° 13, août-octobre, 1921 p. 237-247).

Les Affaires et la Pensée (Conférence faite aux Amis de l'Université de Lyon, Lyon, M. Audin et Cie, 1921, 110×185, 50 p.

L'Art boudhique d'après Henri Focillon, Lyon, M. Audin et Cie, 220×345, 16 p., 7 fig., une lettre ornée.

Un Dauphinois en Silésie en 1808 *(Revue du Lyonnais,* n° 2, avril-juin, 1921, p. 266-269).

La politique économique de Rome en Asie Mineure au premier siècle avant notre ère *(Revue du Lyonnais,* n° 3, juillet-septembre 1921, p. 371-404).

Un graffito d'histoire lyonnaise en Provence *(Revue du Lyonnais,* n° 4, octobre-décembre 1921, p. 558).

Milady Craven à Lyon (1785) *(Revue du Lyonnais,* n° 4, octobre-décembre 1921, p. 573-574).

La Lettre du Chevalier *(Revue du Lyonnais,* n° 8, octobre-décembre 1922, p. 65-69).

L'accent grave dans le corps des mots *(Causeries typographiques,* n° 1, 1921, Lyon, M. Audin et Cie, p. 4-13).

Clameur de Haro *(Causeries typographiques,* n° 2, 1921, Lyon, M. Audin et Cie, p. 1-8).

Le prix des bouquins aux siècles passés *(Causeries typographiques,* n° 3, Lyon, M. Audin et Cie, p. 9-15).

Du Style *(Revue Fédéraliste,* mars 1922, n° 45, p. 92-100).

Un contrat collectif de travail au XVIe siècle *(Moniteur judiciaire de Lyon,* n° 6, 23 janvier 1922).

Approbation, permission, privilège *(Moniteur judiciaire de Lyon,* n° 34, 1ᵉʳ mai 1922).

Le sophisme de la Compétence *(Les Terrasses de Lourmarin,* Lyon, 1922, M. Audin et Cie, 116 × 188, 36 p.).

Le sophisme parlementaire *(Les Terrasses de Lourmarin,* Lyon, 1922, M. Audin et Cie, 116 × 188, 32 p.).

Danse mystique *(La Connaissance,* 3ᵉ année, n° 26, novembre 1922, p. 121-126).

Routiers, Pèlerins et Corsaires aux Echelles du Levant, Paris, G. Crès et Cie, 1923, impr. M. Audin et Cie, Lyon, 1922, in-16 (12 × 19), 256 p., 19 pl. h.-t. et portraits.

L'Orient en mai 1923, Lyon, M. Audin et Cie, 1923, plaquette, 42 p., 180 × 232.

Ce que j'ai vu en Orient, Mésopotamie, Palestine, Syrie, Egypte, Turquie, notes de voyage, 1923-1924, Paris, G. Crès et Cie, 1924, Imprim. M. Audin et Cie, Lyon, in-16 (12 × 19), 305 p., 1 carte.

Point de Lendemain, conte par Vivant-Denon, adapté à la scène par un amateur d'estampes, Lyon, les Deux Collines, 1923 ,13 × 18, 64 p.

Les divertissements de Lourmarin, *l'Aga malgré lui,* par un amateur d'estampes, musique de Joseph Schwab et Henri Bosco, septembre 1923 ; Lyon, M. Audin et Cie, 273 × 335, 30 pages de texte et 4 de musique.

Congrès des Conseillers du Commerce extérieur, Lyon, octobre, 1924. *La mise en valeur de nos colonies* (publié aussi sous le

titre : *L'Empire français*); Lyon, M. Audin et Cie, 1924, 120 ×
185, 66 p.

[Anonyme]. *Généalogie de la Maison de France*, s. l. n. d., un
tableau plié 465 × 745.

Avec M. Audin, *les Marques de libraires et d'imprimeurs en
France aux dix-septième et dix-huitième siècles ;* Paris, E. Champion, Impr. M. Audin, 1925, 250 pl., 4 pages de texte, 245 × 325.

OUVRAGES NON PUBLIÉS

Bibliothèque des Livres de voyage au Levant.

L'Arbre de vérité (pièce de théâtre, jouée à Lourmarin en 1924).

Listenois (journal du comte de Bauffremont, prince de Listenois, adressé à sa femme pendant le voyage de son escadre au Levant).

Quatre contes écrits pendant le voyage en Amérique de 1925 :
Cicéron et César. Renan. Le Naufrageur. Conte russe. (Les trois
derniers titres n'ont pas été arrêtés définitivement par Laurent-Vibert.

VOYAGES DE LAURENT-VIBERT

En septembre 1919. Norvège, Suède, Danemark, passage en Angleterre au début d'octobre, et retour à Lyon.

Fin novembre 1919. Voyage en Espagne, au Maroc. Retour à Lyon vers Noël 1919.

Avril 1920 . . . . Court voyage en Allemagne.

Avril 1923 . . . . Premier voyage en Orient, Egypte, Palestine, Syrie, Turquie, Retour par Etats balkaniques, Roumanie, Bulgarie, Serbie et enfin Italie, en mai 1923.

Janvier 1924 . . . Deuxième voyage en Orient. Départ par l'Italie, court séjour de quelques jours à Naples, puis Egypte, Palestine, Syrie, Mésopotamie, Turquie. Retour direct de Cons-

tantinople à Paris par l'Orient-Express.
Arrivée en France 1ᵉʳ avril 1924.

14 juillet 1924 . . . Pendant les fêtes du 14 juillet, court séjour
en Hollande.

Mars 1925 . . . . . Voyage aux États-Unis et Canada.

TABLES

TABLE DES MATIÈRES

II

III

QUELQUES PAGES DE LAURENT-VIBERT

IV

TABLE DES ILLUSTRATIONS

CET OUVRAGE
IMPRIMÉ PAR M. AUDIN ET CIE
A ÉTÉ TIRÉ A 300 EXEMPLAIRES
DONT 70 SUR VÉLIN MONTGOLFIER